考える脚

北極冒険家が考える、リスクとカネと歩くこと

荻田泰永
Yasunaga Ogita

カナダ〜グリーンランド単独行（二〇一六年）

KADOKAWA

北極点無補給単独徒歩の挑戦（二〇一四年）

南極点無補給単独徒歩
(二〇一七 - 二〇一八年)

考える脚

北極冒険家が考える、リスクとカネと歩くこと

荻田泰永

デザイン：天野昌樹
校正：櫻井健司（コトノハ）
地図：WindVector／Shutterstock（南極）
Peter Hermes Furian／Shutterstock（北極）

序／011

第一章　冒険と無謀の狭間　北極点無補給単独徒歩の挑戦　二〇一四年　021

第二章　未知への憧れ　カナダ～グリーンランド単独行　二〇一六年　139

第三章　資金の壁　南極点無補給単独徒歩　二〇一七‐二〇一八年　239

あとがき／314

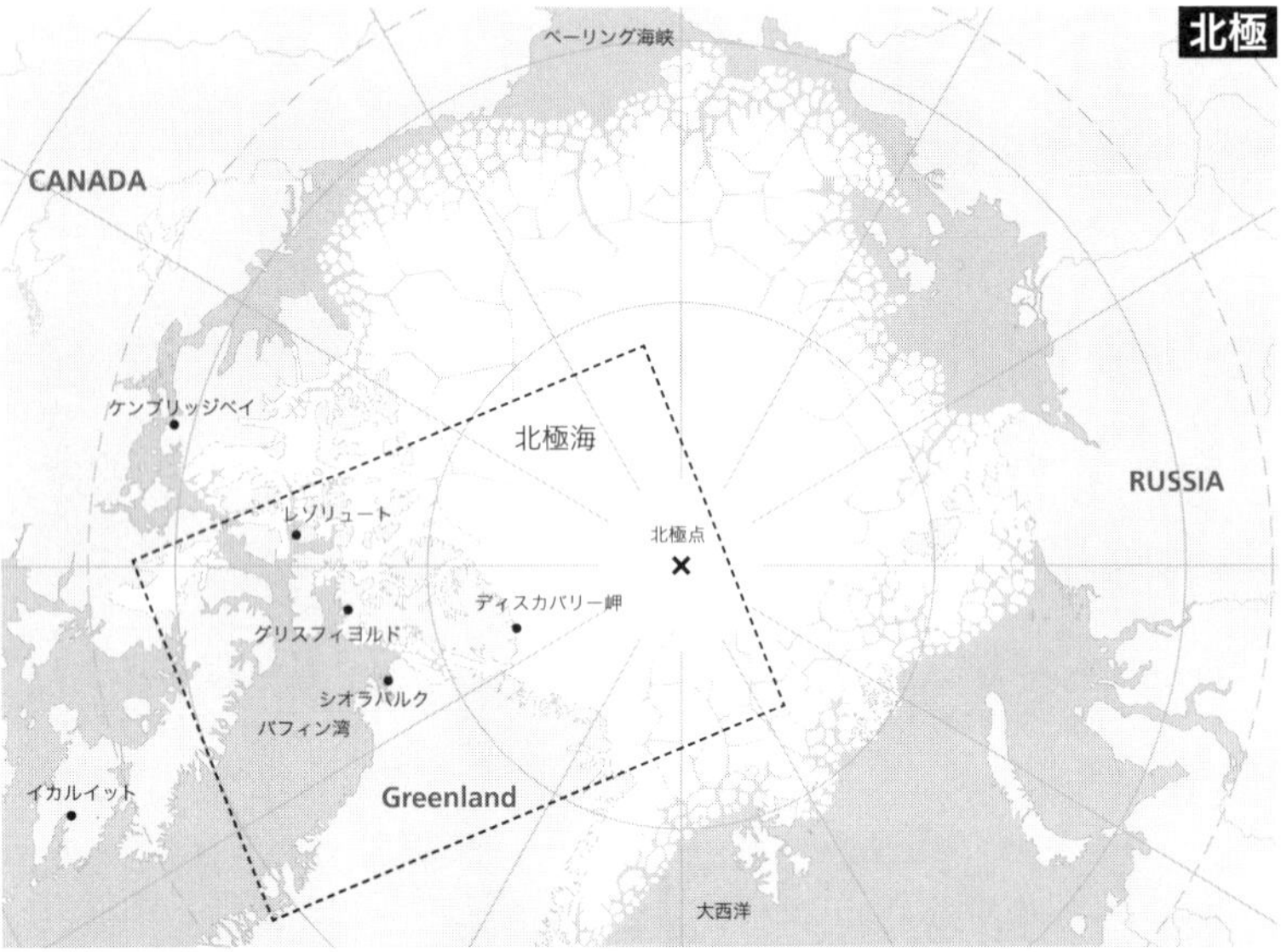

北極
ベーリング海峡
CANADA
ケンブリッジベイ
北極海
RUSSIA
レゾリュート
北極点
ディスカバリー岬
グリスフィヨルド
シオラパルク
バフィン湾
イカルイット
Greenland
大西洋

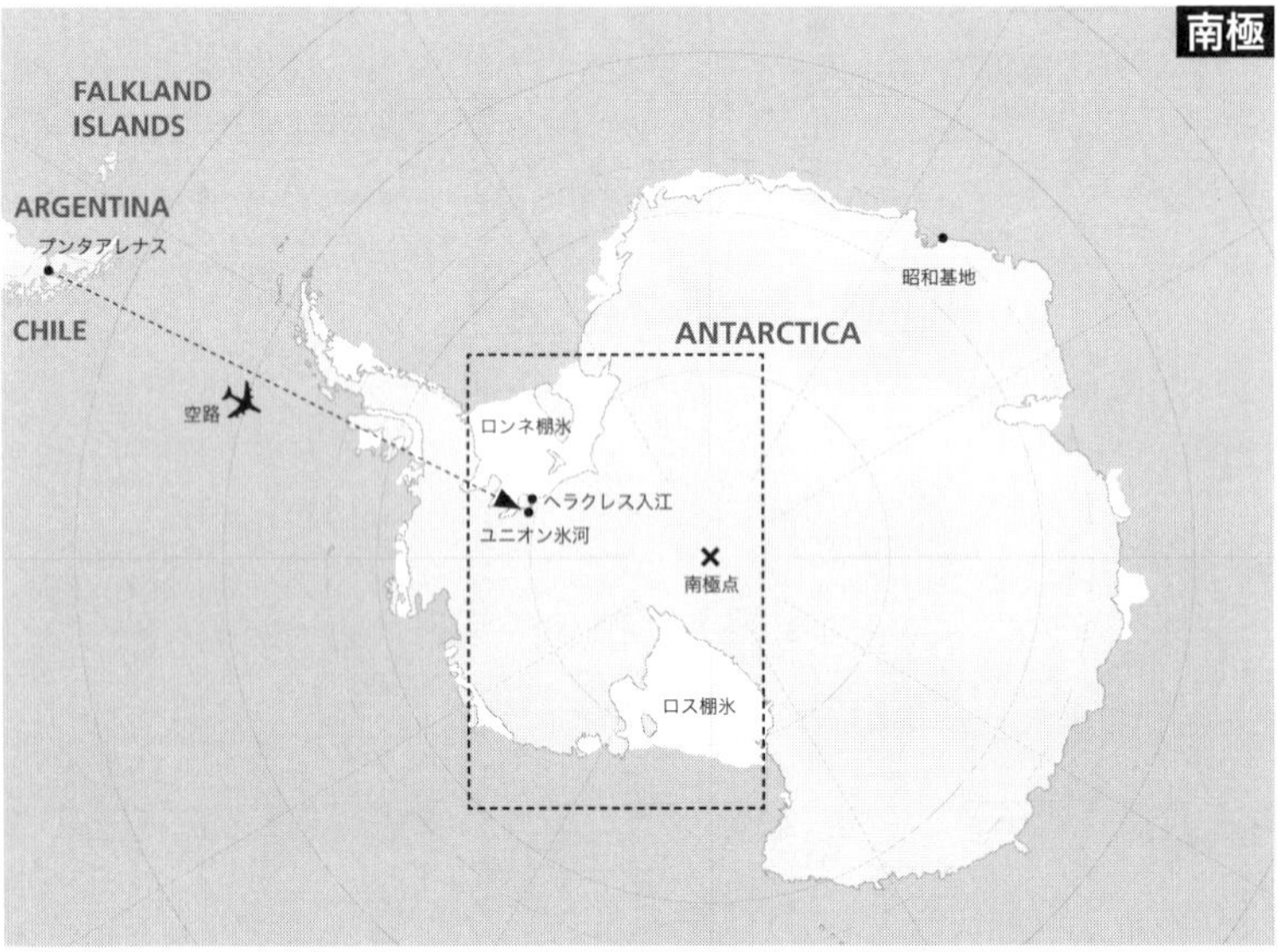

南極
FALKLAND
ISLANDS
ARGENTINA
プンタアレナス
昭和基地
CHILE
ANTARCTICA
空路
ロンネ棚氷
ヘラクレス入江
ユニオン氷河
南極点
ロス棚氷

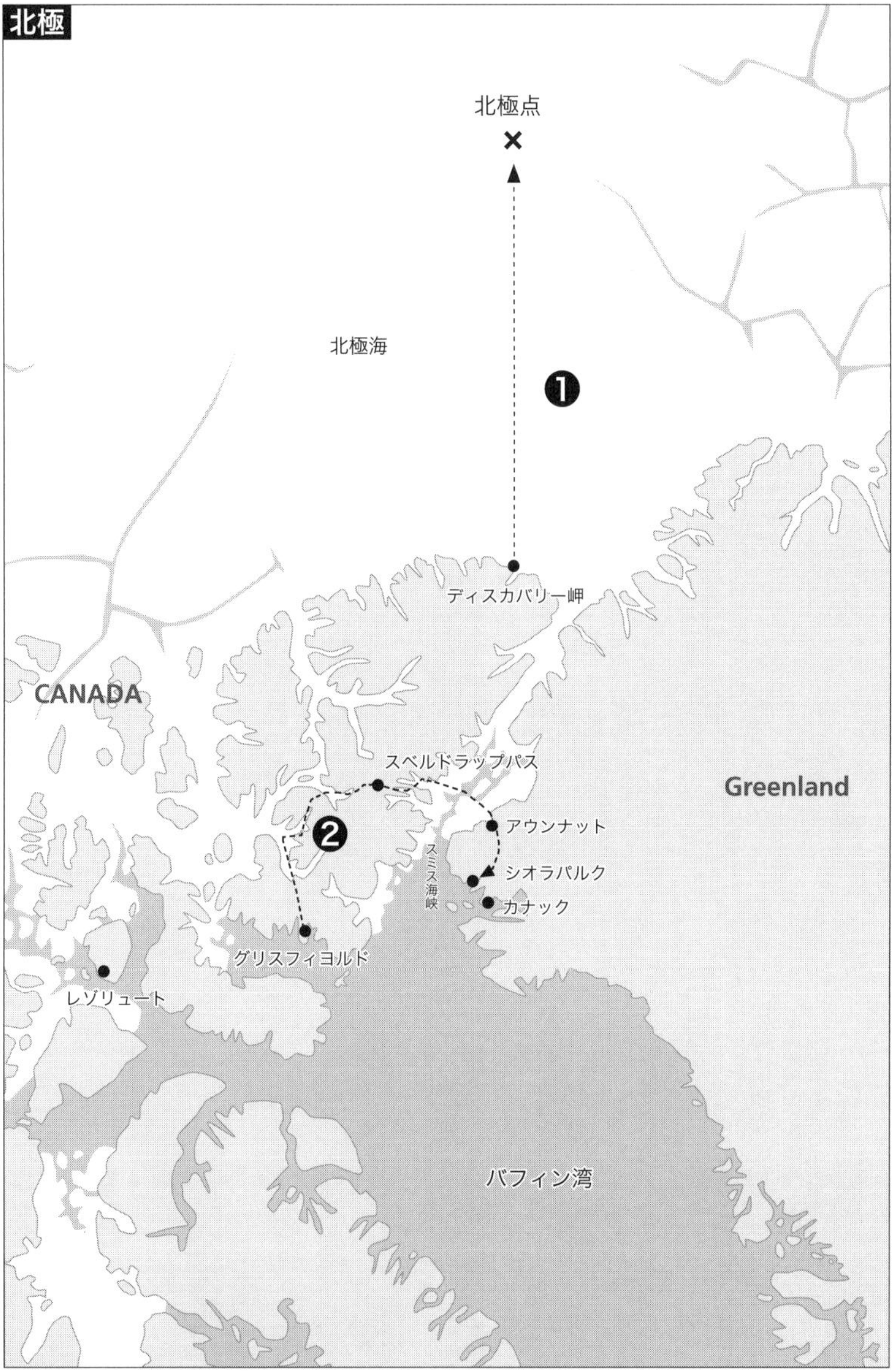

❶ 二〇一四年 北極点挑戦ルート

❷ 二〇一六年 カナダ〜グリーンランド単独行ルート

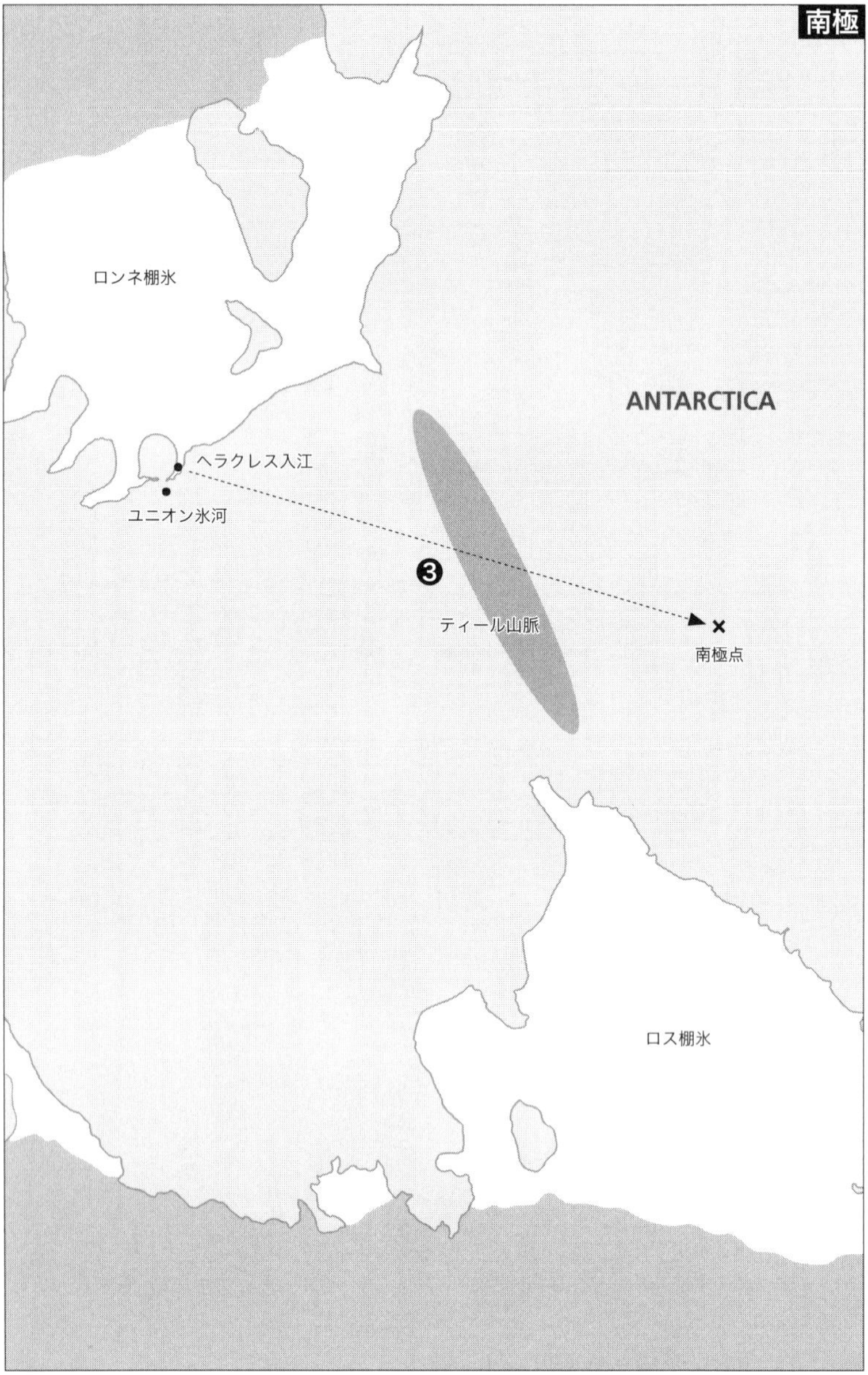

❸二〇一七 - 二〇一八年 南極点無補給単独徒歩ルート

序

これから自分の身に降りかかるであろう困難に恐怖し、涙したことが、私には一度だけある。

二〇一四年三月七日。私は二度目の挑戦となる「北極点無補給単独徒歩」のスタート地点、カナダ最北端のディスカバリー岬に降り立った。気温、氷点下三六度。緯度、北緯八三度。ここから北に臨んでも陸地はなく、地球の頂点である北極点まで凍結した北極海が延々と広がるだけだ。

カナダ極北部のレゾリュート村からディスカバリー岬までは約一〇〇〇㎞。移動のためにチャーターしたプロペラ機は、滑走路もない地球上有数の「僻地《へきち》」に私を送り届けるため、車輪に装着したスキーを滑らせて軽い雪面からの抵抗を感じながら着陸した。

この場に来るのは二度目だった。一度目は二年前、二〇一二年に最初の北極点無補給単独徒歩を目指した時だ。それは、世界でも一人しか完全に成功した例のない困難な挑戦である。その頃の私は、北極での冒険を始めて一二年。カナダやグリーンランドの極地で毎年のように徒歩遠征を行ない、充分な経験を積んだことでいよいよ最難関の北極点挑戦を決めた。

私には自信があった。

極地冒険の中でも最も難しく過酷を極めるこの課題をクリアできるのは、自分しかいないだろうという自負もあった。私は五〇日分の食料をはじめとした物資を搭載したソリを引き、極寒無人の北極海へと勇躍乗り込んだのだ。

しかし、結果は惨敗だった。

北極点挑戦を行なう以前、私はカナダ極北の島嶼部《とうしょぶ》やグリーンランドで長距離の徒歩遠征を繰り返すことで経験を積んできたが、広大な北極海はそれまで自分が知っていた「北極」とはまるで別世界だったのだ。多くの島によって海氷の動きが制限される島嶼部と異なり、数千㎞四方にわたって激しく海流が渦巻く「北極海」においては、一見すると頑丈な足元の海氷もたやすく流れ、破壊され、引き裂かれ、押し合い、これまで見たことのないような巨大な氷の壁や河のような割れ目を無数につくり出す。氷上に張ったテントで寝ていると、遠くで海氷が動いた重低音が響き、その音で目を覚ます。やがて破壊のエネルギーが波のような力で自分の元に伝わると、テントの周囲で重機が走り回っているような爆音が恐ろしく、安心して寝てもいられない。ドドドド、ググゥ、バキバキ、ガラガラ……寝袋の中で身を起こし、まさか自分のテントが海氷破壊に巻き込まれないかという恐怖心を抑えながら、祈るような気持ちで周囲の音が収まるのをただ待つ。やがて海氷を伝う破壊のエネルギーは遠ざかっていくが、安心して寝始めた途端にまた遠くで海氷がざわめき、目が覚める。

氷上を歩いていても、氷が軋《きし》む音の後に破壊音が響き渡り、音が聞こえる方向を見遣ると水平線に、ビルのような大きさで屹立《きつりつ》した海氷がゆっくりと流れ動いているのが見える。連鎖的に聞こえる音に恐怖し、大慌てでその場からソリと共に逃げ去るしかやれることはないのだ。いつ何時、自分の足元で氷の圧力が集中して木っ端微塵《みじん》に砕かれるかという恐怖に苛《さいな》まれた。

鍋で温めた牛乳の表面に薄く張った、乳脂肪の膜。

北極海の表面で凍結した海氷の厚さを表現するならその程度の薄膜だろう。鍋を揺らせば全体が動き、表面に軽く息を吹きかければ簡単に薄膜は流れ、破れる。北極海の表面では、海流や風によって常に海氷は流動し、乳脂肪の薄膜同然の脆《もろ》さで砕け、積み上がり、私の行く手を阻む障害物になるのだ。

北極海がそのような場所であることは、挑戦以前から当然知っていた。極地での経験は他の誰にも負けないくらいに積んできているし、私以前の挑戦者の書籍は読み漁《あさ》り、科学的な情報も一〇年以上にわたって収集してきている。北極海の海氷面積が近年加速度的に減少していることや、その数値も頭に入っている。海氷密接度、海水の塩分濃度、北極に関する科学的な基礎知識もそれなりに勉強してきていた。充分な準備を整え臨んでいたはずだった。しかし唯一、知識や机上の勉強では決して得ることのできないものを、二〇一二年の最初の北極点挑戦で知ることとなった。

それは、言葉では言い尽くせないほどの恐怖感だった。

誰かの体験記で「北極海は恐ろしい」と一〇〇万回読んだところで、本当の恐怖感を知ることはできない。この挑戦で、私は北極海の恐ろしさを身を以《もっ》て知ることとなった。

最初の北極点挑戦は、ルート上の海氷に幅が一〇㎞にまで広がるような巨大なオープンウォーター（海氷の割れ目が発達した開水面）が発生したこともあり、スタート一七日目での撤退を決めた。オープンウォーターという外的要因が撤退の理由ではあったが、最大の撤退要因は「北極海への理解不足」という内的要因だった。この時の私の極地を歩く能力としては、北極海を歩くことはできたが、北極海の正体と真正面から向き合うほどの経験を擁していなかった。北極海をまだまだ理解していなかった。

それから二年。私はもう一度あの北極海へと戻った。北極点無補給単独徒歩の再挑戦のために。カナダ最北端、ディスカバリー岬に着陸したチャーター機（ツインオッター）から物資を搭載した二台のソリを氷上に降ろす。気温は氷点下三六度程度。前回に比べると、今回は随分と気温が高い。二年前は最低気温氷点下五六度を経験し、日中の最高気温でも氷点下四五度ほどの毎日だった。

「今の気持ちは？」

出発準備に入ろうとする私に、ドキュメンタリー番組の制作のためツインオッターに同乗してきたカメラマンがファインダー越しに尋ねてきた。

「帰ってきましたね。二年ぶりに」

この二年間、再びこのスタートを切るためにたくさんの準備をしてきた。資金を用意し、体をつくり、装備を整え、ようやく帰ってきたのだ。出発の地に立ち、私には高揚感があった。

荷物を分けて搭載した二台のソリをロープで繋《つな》ぎ、ソリと自分を繋ぐためのハーネスを準備する。出発支度をする私の横では、二人のパイロットがツインオッターの周囲で村への帰還の準備に入っている。完全無人の極寒地である、エンジンが冷えてしまう前に再離陸しなければならないのだ。

ここから北極点までは直線距離にして七八〇km。五〇日分の物資を用意している。北極点まで無補給で行くとは、今回の遠征で使用可能な全物資を最初からソリで引いて歩くということであり、すなわち「物資が続く時間」が私に与えられた動ける時間であるということだ。

「グッドラック、ホッキョクグマに気をつけろよ」

離陸の準備を終えたパイロットが握手を交わしながら私に言った。カメラマンとも最後の挨拶を交わすと、私以外の全員が機内に乗り込み、エンジンが再始動する。目前に見えるカナダ最北部の岸壁に低いエンジン音がこだまし、回転数が上がると熱が白煙となって吐き出され、プロペラの背後に流れていく。鋭い冷気の中、機体が徐々に動き出し、大きく円を描くように氷上を走って一周すると、着陸した際の雪面の滑走跡をなぞるようにツインオッターは走り出し、加速と共にふわりと機体を持ち上げた。

小さくなっていくツインオッターを見送りながら、いよいよここからは一人きりだ、と自分に言い聞かせるように呟《つぶや》いた。

やがてエンジン音も聞こえなくなり、周囲は静けさに包まれた。誰もいない。人間世界から隔絶された、逃げ場のない極地だ。

「さて、準備をするか」

ソリとロープを調整し、上半身にソリ引きのためのハーネスを装着する。足元にはスキーを履き、両手にストラップを通してポールを持つ。

二年ぶりの再挑戦だという高揚感、無事に北極点まで行けるのだろうかという緊張感、全てを抱えながらハーネスに体重を預け、体を前に振り出すと背後で一二〇kgのソリがゆっくりと動き出した。岸壁に近い沿岸部は、風が巻くので細かい雪が吹き溜《だ》まる。足元は積雪が多く、それに伴いソリがより重く感じるのだ。沿岸部から北極海に向けてソリを引き出し、一〇〇mほどを歩くと「ふう」と一息ついて立ち止まった。

ソリ引きのために足元前方に落としていた視線を、改めて正面に移す。

北緯八三度、三月上旬、日照時間は一日数時間しかなく、太陽は背後の水平線で弱々しく光を放つため、北の空は一面が紫色に染まり、遠くの海氷はぼんやりと薄霞《うすがすみ》に消えている。目前には、防波堤の波消しブロックを撒《ま》き散らしたような巨大な海氷の塊が露出し、それらが積み重なり壁となっている乱氷帯がぼんやり見えてきた。

見たことのある光景だった。そうだ、二年前に見た景色だ。二年前に来た北極海に、俺はまた帰るんだ。

「そうか、これから北極海に出るんだ」

二年間の準備を経て北極海に立ったまさにこの瞬間、全ての高揚感も緊張感も吹っ飛び、逃げも隠れもできない現実と直面した。

この時、私はすぐに次の足が出なかった。やや逡巡《しゅんじゅん》した後、意を決して再びソリを引き始めたが、少し歩くとまた立ち止まり、それを何度か繰り返した時、自分の頬を伝うものを感じた。

「あれ？　俺、なんで泣いてるんだろう」

両手のグローブで顔を拭うと、それは涙だった。泣いている自覚はなかったが、私は知らずに泣いていた。

少しの驚きと動揺を感じ、気持ちを落ち着かせようと荷物が満載のソリに腰掛け、一度ため息をついた。自分の周囲の時間が止まったような一瞬の間《ま》の後、頭の中に北極海の恐ろしさがまざまざと思い出されてきた。振り返って北極海を見ると、現実がそこにある。

この瞬間まで自覚していなかった恐怖が、止めどなく湧き上がってくるのを感じた。そうだ、俺はまた北極海へ出るんだ。恐ろしい、とにかく恐ろしい。怖くて仕方ない。恐怖感が次から次へと襲い、涙の量は増え、私は嗚咽《おえつ》しながらボロボロと泣いた。なぜ自分がこれだけ泣いているのかもよく分からないが、とにかく抗《あらが》うことのできない恐怖感に身を任せ、泣けるだけ泣いた。

どれくらいの時間、泣いていただろう。一〇分か、二〇分か、あるいはもっと短かったかもしれない。

ひとしきり涙を搾り出し、恐怖感を発散させると次第に冷静さを取り戻してきた。俺は大丈夫か？　歩けるか？　と心の中で自問する。呼吸を整え、腰を上げ、再び歩き出すために両足のスキーを揃《そろ》えてソリの前に立った。

息を大きく吐き出し、体を前に預ける。ぐい、と腰にかかる荷重を感じながら、目線は前に。そこにあるのは恐怖の北極海。しかし、同じ北極海に対峙《たいじ》する私の中で、先ほどの「感情の恐怖」が消え去っているのを感じた。胸の奥底から湧き上がってくるような、抑えようのない感情が支配する恐怖感ではなく、そこにあったのは、目や耳から入ってきた情報を頭が冷静に数値的に判断し、危険か否かを判断する「客観性に基づく恐怖」だった。

不思議と、全く怖くなくなっていた。感情に支配されると、自然の中で身を守ることはできない。恐怖とは想像力の産物である。想像力とは、人間が持つ大きな力である一方、巨大な自然の前では無力な人間の想像力が生み出す幻想は、客観性を見失わせる。情熱や根性は人間世界でのみ通用する理屈であり、自然相手には何の意味もなさない。私は意図せず、自分の身を守るために情熱を持った一人の人間性を断ち切り、ただひたすらに北極海を前進するための、動物的であり、どこか機械的な一人の人間として、二〇一四年三月七日、北極点無補給単独徒歩の二度目のスタートを切った。

第一章

冒険と無謀の狭間

北極点無補給単独徒歩の挑戦　二〇一四年

極地冒険の第一歩

私が極地を歩いて旅するようになったのは、ほんの偶然からだった。

一九九九年三月、二一歳の私は三年通った大学を中退し、「自分には何かできるはず」という根拠のない自信を抱えながら、その実は何一つやったことのない、何者でもないただの若者だった。高校卒業の惰性のような感覚で、特に目的意識も持たずに通った大学は、二〇歳前後になり「自分の生き方」みたいなものを考え始めた当時の私にとって、全く面白味を感じられる場所ではなかった。

心の内に沸々とエネルギーが煮えたぎるのを感じながらも、その有り余る熱量をどこに向ければ良いかが分からなかった。自分の知っている世界の周りには、無限とも思えるほどの広い世界が存在していることは理屈としては知っているものの、その世界への入り口の扉の前にすら立ったことのない自分にとっては、いったいどこに自分の人生を決定付けるような入り口があるのかが分からなかった。

大学をやめることに迷いはなかった。面白くないと思うと学校から足は遠のき、成績も下降し、このまま通学していても四年で卒業できないことは明らかだった。学校に行かないくせに高い学費を両親に払わせ、その場に居続けることへの嫌悪感があった。もう大学にいることは自分にとって金と時間の無駄遣いでしかない、一刻も早くやめるべきだと思い始めた。

世間では、盛んに「就職氷河期」という言葉が叫ばれていた。一九七七年生まれの我々世代は、バブル経済の崩壊後、就職の有効求人倍率が最低の頃に大卒を迎えた不況ど真ん中世代である。同級生たちはグレーのスーツに着替え、黒いビジネスカバンを片手に就職説明会に歩く中、私はさっさと大学に見切りをつけ、自分の心の内のエネルギーの消化方法に意識を向けていた。就職しないこと、できないことには何の躊躇《ためら》いもなく、何の不安もなかった。それどころか、これからは自分の人生を自分で動かしていけるという可能性への期待が溢《あふ》れていた。

大学をやめて数ヶ月経《た》った、一九九九年七月のある日。アルバイトも休みで特にやることのなかった私は、昼間から実家の居間でゴロゴロしながらテレビを見ていた。

その頃の私は、学校に行かなくてはならない足枷《あしかせ》から解放され、次第に意識が外の世界に向き始めていた。神奈川県の北西部で生まれ育ち、二〇年間の自分の世界と言えば、実家から半径二〇kmそこそこで収まるものでしかなかった私は、自分の世界の狭さに辟易《へきえき》しながらも、その狭い世界からの飛び出し方を知らなかった。そのくせ「俺には何かできる」という根拠のない自信だけは人一倍に抱え、もし一方向に明確に全力を投入すれば、俺は誰にも追いつけないくらいにどこまでも行けるはず、と信じていた。ただ、現実は狭い世界からの出方を知らず、その場にジッとしていることで、何かできるはずなのに何もできていない自分自身に対する怒りが爆発寸前まで充満していたのだ。

その日、偶然見ていたテレビ番組は、NHKの午後のトーク番組だった。番組が始まり、冒頭に紹介されたその日のゲストが冒険家の大場満郎という人物で、私にとっては初めて聞いた名前だし、何より私はそれまで、冒険家という人物を見たことがなかった。

テレビの中では私の見知らぬ冒険家が、見知らぬ「北極」「南極」の話をしていた。

最初は「へぇ、冒険家なんているんだ」という印象だったように記憶している。その頃の私は、狭い世界からの脱却をいくつかの書籍に求めていた。その中で、自転車による世界一周紀行文を数冊ばかり読んでおり、それぞれの青春を旅にぶつける若者の記録は、私の中で世界への憧れを掻《か》き立てるものだった。しかし、自分はそんなことをやったこともないし、一人で世界を旅するなんて何から手をつければいいか分からなかった。今いる場所に、ただじっとしていることの焦りと怒り、何かできるはずだという根拠のない自信をどうやって消化していくかにひたすら悶々《もんもん》としていたのだ。そんな、少なからず冒険的な世界への憧れが芽生え始めていた矢先に、テレビの中で語られる極地での体験談と大場という人物が語る自身の生き方に、何だか目が離せなくなってしまっていた。自分の人生を変えるような、広い世界への扉の入り口は突然現れたのだ。

「何だか分からないけど、凄《すご》いな、この人は」

そんな印象を持った。北極海の横断を一人で試み、両手両足に重度の凍傷を負い、足の指全てを切断したという。それでも、その一年後にはまた同じ挑戦をして、また失敗。凍傷の傷口が塞がり切らず、切断した箇所から血を流しながら歩いたという。この人はどうかしているのだろうか、そう思った。それでもまた翌年に挑戦し、四度目にして成功させたなどとは、常人の思考回路とは明らかに違っている。簡単に言えば、ぶっ飛んでいる。その後、南極大陸の横断なども一人で実行していったと言うが、話を聞いていくと大学の山岳部や探検部出身ではなく、山形の農家の長男としての跡継ぎの立場を抛《なげう》ち、世界を放浪している中で気がついたら冒険家になっていた、そんな人物だった。

「来年は、大学生くらいの素人の若者たちを連れて北極を何百㎞もソリを引いて歩こうと思ってるんですよ」

番組の最後、司会のアナウンサーから今後の計画を問われ、冒険家はそう答えた。

その言葉を聞いた時、何か心がざわつく感じがした。

「自分も参加できるのだろうか？」という疑問を抱いた。

「大学生くらいの若者たちを連れて北極を歩くということは、自分もそこに該当するのだろうか？」

今にして思えば、あの時の私はエネルギーを抱えながら向け場が分からず悶々としていたのに、このテレビの中の冒険家と呼ばれる人は、溢れるエネルギーを一方向に強く向けているように映り、その姿に羨《うらや》ましさと憧れを抱いた気がするのだ。

「自分もこんなふうに、やりたいことに全力で臨みたい」

そう思った。北極なんて、行きたいと思ったことも興味を抱いたこともこれまで一度もない。ただ、その場にジッとしていることへの嫌悪感を抱えていた私は、テレビの中の冒険家が語る言葉に広い世界へと飛び出る扉の入り口を見た気がした。


番組を見た後、少し時を置いて私は大場満郎さんへ手紙を書いた。今の時代であれば、ネットで検索すればいくらでも情報は得られるだろうが、一九九九年という時代ではそうもいかない。図書館や書店に情報を探しに行ってみるものの、当然連絡先は分からない。頭の片隅には常に北極のことを意識しながら生活していると、ある日新聞の小さな記事で新聞社主催の講演会の案内を見つけた。その登壇者に「大場満郎」という名前を見つけたことで、申し込みのハガキを出して講演を聞きに行った。場所は有楽町の東京国際フォーラムだった。その講演でも、来年は若者を連れて北極を歩くという計画を話していたことで、やっぱり行くんだ、計画が動いているんだと確信した。その場で声をかけに行くほどの度胸がなかった私は、帰宅すると講演会を主催した新聞社宛に手紙を書いた。

「全くの素人で何の経験もないけど、北極へ行ってみたい。大場さんの連絡先を教えてほしい」

そんな気持ちを書いた。届くかどうかは分からなかったが、とにかく連絡を取ってみなければ何も始まらない、そんな切羽詰まった気持ちがあった。

数日後、なんと大場さん本人からの返事が届いた。新聞社から大場さん本人に、その手紙を渡してくれたらしい。それによると、今、参加を希望している若者たちが何人かおり、毎月みんなで集まっているということだった。次の日付と場所を教えられ、よければ次回、参加して話だけでも聞いてみたらどうですか、という内容だった。

「ああ、何かが動き出しているぞ」

そんな実感があった。

こうして私は初めての海外旅行、初めてのアウトドア活動で、二〇〇〇年春、カナダ北極圏を七〇〇km歩くという旅に参加した。当時の私は二二歳。自分の世界が広がっていくような期待感と未知の世界への高揚感で、何も知らない、特に興味もなかった極地冒険の第一歩を踏み出したのだ。

翌二〇〇一年からは一人での北極渡航が始まり、毎年のように重ねて北極圏を訪れるようになった。最初のきっかけは偶然テレビで大場さんを見たことだったが、その最初の北極行から帰国するとまた元の生活に回帰し、無目的にアルバイトで時間を費やしていることに気づくと、依然として溢れるほどに抱えているエネルギーを消化させたいと願うようになった。再び能動的に動くために、もう一度北極へ行こうと決めた。北極に魅せられてまた北極へ行った訳ではなく、他に行ける場所がなかっただけだ。何もやったことのない自分にとって、行ったことのある場所はカナダ北極圏しかなかった。私は極めて行動力がない人間なのだ。知らないところには行けないからこそ、二度目の海外渡航もまた北極だった。

以来、毎年のように北極を訪れるようになる。そうやって何度も北極圏各地を訪れるたびに、次第に北極の面白さや難しさを知るようになっていくのだ。

日本にいる間は北極に行くお金を稼ぐため、仕事漬けの日々である。アルバイト情報誌を眺めて、とりあえず時給の高い順から選んで電話をかける。そんな仕事をいくつも掛け持ちして、全く休みなく働いては半年ほどで一五〇万円くらい貯《た》めると、その資金で北極へ行く。そんなことを繰り返した。今年は五〇〇kmのルートを歩けた、よし次はもっと難しいルートを歩いてみよう。冬ではなく夏になったらイヌイットや野生動物はどんな暮らしをしているんだろう。挑戦心と好奇心に後押しされて、気がつけばその日々は一〇年を超えていた。その中では失敗もあった。二〇〇七年には一〇〇〇kmの無人地帯を踏破中に、自分の簡単なミスでテント内で出火事故を起こし、命からがら救助されるということも経験した。北極には生と死が紙一重で存在している。そんな現場に身を置いて、誰に命令された訳でもない、自分で思いついて自分で始めた冒険に生きることの手応えを見つけた。「自分には何かできるはず」という根拠のない自信は、次第に「自分にはこれができる」という確固たる自信に変わっていった。

気がつけば年齢も三〇歳を超えていた。周囲の友人たちには家庭を持つ者、中間管理職に昇進する者、起業して頑張っている者などそれぞれいたが、私は相変わらずの北極と非正規の仕事漬けの日々だった。それでも、将来への不安など微塵《みじん》も感じていなかった。まあなんとかなるだろう、で全て片付け、実際になんとかできるだろうという相変わらずの根拠のない自信があった。

そして二〇一二年。いよいよ目標を「北極点無補給単独徒歩」という、極地冒険の最高難度に設定した。

資金を集め、準備を整え、初めて足を踏み入れた北極海は、私の想像を超えた激しい世界だった。最初の挑戦は全く手も足も出ず、一七日目で逃げ帰ってきたのだ。

あれから二年。私は北極点への再挑戦を決めた。もう一度、あの恐怖の北極海へ戻る。果たして自分にどれだけの力があるのか？　自分にどこまでできるのか？　己の体一つで、北極海の正体を探る旅に出発した。

北極海

二〇一四年三月八日。昨夜七時、日本事務局と初日の衛星電話での交信後すぐに寝たが、今朝は七時半までぐっすり眠っていた。よく眠れたのは出発前の現地準備で体をしっかりと低温に適応させていたのもあるが、出発までの準備の慌ただしさによる疲れもあったのだろう。

温まった寝袋から上半身を起こし、テントの換気口を開いて外を覗《のぞ》くと、空はまだ薄暗い。昨日は気づかなかったが、目の前の岸壁に島の奥から大きな氷河が海に流れ込んでいるのがうっすらと見えていた。温度計は氷点下三五度を示している。

常に着用して、やがてほぼ皮膚化していくであろう極薄の手袋で二、三度顔をこすり、さあ目を覚まして出発だと気合を入れた。

寝袋から這《は》い出て素早くコンロに火を点《つ》けると朝食の準備を行なう。

テントの床面には、ベルクロ（マジックテープ）を剥《は》がすと雪面に直接アクセスできるような四角い穴を開けてある。剥《む》き出しになった雪面をナイフでギリギリッと切り、豆腐くらいの大きさのブロックにするとそれを鍋に入れて溶かし、飲み水や食事に使う。極地の雪は風で叩《たた》かれて固く締まり、発泡スチロールをナイフで切るように、立方体の雪のブロックができるのだ。

バンクーバーで購入したインスタント麺の「辛《しん》ラーメン」の袋を破り、食事用のひと回り小振りな鍋に麺とかやくを入れ、そこにバターを五〇g投入し、カロリーを高める。バターはカナダで売られている一般的な一パウンド（約四五〇g）が銀の包装紙で包まれたものだ。包みを開け、バターをナイフで切ろうとするが、氷点下三〇度以下の環境ではバターは凍りついている。二年前の北極点挑戦の時には、夜間は毎晩氷点下五〇度以下だった。その朝のバターの硬さと言ったら、まさに「石のような」が比喩ではなくなる。それに比べると、氷点下三五度のバターはナイフの刃先がやっとでも通るだけマシだ。

スタートして最初の朝食は、また長い単調な日々が始まる実感に溢れている。また覚えのあるこの日々が始まった。毎日同じものを食べ、同じ行動を繰り返す、そんな日々だ。

大量の油分で辛さがマイルドになったバター辛ラーメンを食べ終えると、行動中に飲むためのお湯を沸かしながら出発支度を整える。テント内を片付け、道具類を一つのバッグに収めると、今日の行動食を一袋取り出し、かかとに靴擦れ予防のテーピングを施し、出発前のウンコを済ましておく。一日の行動後にテントに入ると、翌朝の出発の時までテントの外にはトイレも含めて一切出ない。「寒い中でトイレはどうやってするの？」と聞かれることもある。聞く側の心理として「寒い中でお尻なんてのんびり出せないでしょ？」というところだろう。寒くても尻は出せる。が、最近はウンコをするにもテントの中で済ませてしまうことが多い。テント床の雪面から夕食と朝食の二食分の雪を消費すると、そこにはそれなりの大きさの穴ができ上がり、トイレにはちょうど良い大きさなのだ。

行動中のウェア一式を身に着けると、テントの外に荷物を全て放り出し、撤収した生活用具一式をソリに積み込む。これから何回、同じ作業を行なったら北極点に着くのだろうか。「いよいよ始まったな」という感慨と「始まってしまったな」という少しの後悔が行き来していた。北極点まで行くぞ、という思いで来ているくせに、始まってしまったことに後悔がある。もう逃げられない、行くしかないのだ。

全ての荷物をソリに搭載すると、積み忘れがないかを確認し、軽く準備体操をすると上半身にハーネスを付け、スキーを履き、一日の進行がスタートする。

目覚めた時はまだ薄暗かったが、昼に近くなるに連れ次第に空は明るくなってきた。冬の終わりが迫るこの時期、極夜（極地で一日中太陽の昇らない冬）が明けて間もなく、水平線ギリギリにやっと顔を出した太陽も数時間で沈んでしまう。また、その太陽でさえも、一路北を目指す自分にとっては南側に背負った岸壁に遮られ、しばらくの間は見ることは叶わない。水平線から照らす陽の光は、おそらく大気中の光の屈折現象の影響だろうか、空一面を紫色に染める。その色がとても美しく、自分一人でこの景色を見ている満足感があった。

遠くの海氷の様子は太陽光が足りなくて判別できないが、進行していく先にはテトラポッドを転がしたような巨大な海氷の塊が至るところに隆起しているのがぼんやりと見えてきた。

「氷が出てきたかな……」

二年前にも苦戦した乱氷だが、事前に収集している衛星写真のデータによって、前回よりもさらに乱氷が激しいだろうことが予想されていた。

北極海は、カナダ北極圏の島嶼部《とうしょぶ》やグリーンランド沿岸などの閉ざされた海域と異なり、四方に広がる大海だ。海に浮かぶように凍結した海氷は海流や風の影響で簡単に流れ、ぶつかり合うことで隆起した乱氷帯こそ、北極海を歩く上での困難の一つである。私がスタートしたカナダ最北端で北極海に面する沿岸部には、強い海流が北から陸地に迫ってくるため、度重なる圧力で破壊された海氷が積み上がり、北極海全体を見渡しても最大規模の乱氷帯を形成する。

一九〇九年に人類で初めて北極点に到達した（諸説あり北極点到達は疑問が残るのだが）アメリカのロバート・ピアリーは、今回私が出発したディスカバリー岬から東へ一五〇㎞ほどの、コロンビア岬から北極点へ出発している。ピアリー隊も陸地を離れた直後に大乱氷帯で苦労している。その際の写真があるが、一台の犬ゾリを何人もの手で引き上げ、持ち上げ、壁を乗り越えるように突破する様子は北極海を語る有名な写真だ。

ピアリーは北極点を目指す以前、北部グリーンランドを中心に数多くの探検を行ない、最も厳しい環境下での活動を繰り返した。二〇年以上にわたって北極遠征を実施し、凍傷で足の指八本を失いながらも、五二歳という年齢で北極点初到達者の名誉を得たのは、ピアリーの情熱のなせる業だ。その前には二度にわたって北極点を「発見」するべく北極海の氷原へ踏み込んでいる。年齢を考えれば、三度目の北極点遠征が最後のチャンスだという思いがあっただろう。ピアリーによる三度の北極点遠征のルートを見ると、陸地からの出発地が次第に西へと移っているのが分かる。これは、ピアリーの経験と北極海に対する理解の深さの現れだ。北極海に深く進入していくと、海流によって東へ流されてしまう傾向があり、その事実は今も昔も変わらない。これは、北極海の中央を分断するように海底にそびえる、ロモノソフ海嶺という海底山脈による影響を海流が受けるためだ。東へ流され続け、海底下のロモノソフ海嶺を跨《また》ぐ西経六〇度を越えると、北極海から大西洋方向へ流出していく強い海流に逆らうことが難しくなり、北極点から遠ざかって到達は不可能となってしまう。ピアリー二度目の北極点遠征の際には、北緯八五度を越えたところで東へ一〇〇km以上も流されている。より西から陸地を出発することで、北極海の深くに進入した時に海流に流される影響を抑えられるのだ。

今回、私が出発したディスカバリー岬は、ピアリーの出発地であるコロンビア岬からは一五〇kmほど西に位置する。北極海氷の流動性が高まる今、海流による影響も大きくなっている。ディスカバリー岬は、カナダ側から北極点に挑戦するための、最も西から出発でき、尚且《なおか》つ最も北の地点であると言えるのだ。

スキーを一歩進めるたびに、体重を思い切り前に預けて体を振り出し、足先の力を腰まで伝えてハーネスの先に繋《つな》がったソリを前進させる。出発二日目でソリは物資が満載。とにかく重い。雪の上とはいえ、寒冷地ではソリの滑走面で雪が溶けないため、まるで砂の上を引き回しているような抵抗感がある。ちょっとした雪の段差でソリが引っかかれば、振り返ってロープを手繰《たぐ》り、段差を越えたらまた前進、その繰り返しだ。これから先、何百回何千回と同じことを繰り返すのだろうか。

出発点となるディスカバリー岬に着陸したツインオッター

まあ、この出発直後で重いソリとの格闘は、何度も同じことを経験してきている。焦っても仕方ない、ゆっくり着実に行くだけだ。

朝は晴れていたが、午後から雲がかかり雪がチラついてきた。太陽光も少ない分、視界が悪くなる。視界が悪くなるのは何よりもつらい。物理的に進行速度が遅くなるだけでなく、この先が「見えない」という不安感は、精神を鉋《かんな》で削るように、少しずつダメージを与えていくものだ。特に北極海においては、視界不良は乱氷帯や氷の割れ目を事前に察知できなくなるので、回避行動を取るのが遅くなる。そうすると危険も高まるし、迂回《うかい》の手間も時間も余計に要してしまう。

重いソリを体と繋ぐハーネスが腰に食い込む。一歩踏み出し、全身に力を込めてソリを引き進めるたびに汗が噴き出す。気温による寒さよりも、激しい運動による体温上昇が勝っているようだ。

それにしても、乱氷の密集がどこまでも続いている。前回はもう少し隆起した海氷の合間に平坦なスペースがあったものだが、今回は大違いだ。

口から息を「ふっふっふっ」とリズムを刻むように吐き出し、一度ソリが進み出したらなるべく止まらないように引き続ける。一度止まってしまうと、また動き出すのにエネルギーを消費してしまう。とはいえ、雪面に少しの段差があるだけで背後のソリは段差を越えられずに止まり、ハーネスを背後から引っ張られたようにガツンと衝撃を受けて、ソリが止まる。

「くそっ、ギャップがあるな」

愚痴りながら渾身《こんしん》の力を込めてソリを引き、段差をガタンと乗り越えるとその勢いを落とさずに二台目のソリも続けて一気に引っ張る。そうやって五〇m歩くと一息つき、それを何度も繰り返していった。

二日目は周囲が暗くなって視界が利かなくなった頃に、乱氷の合間に平らな海氷を見つけてキャンプを設営した。

陽も落ちて光を失った北極海上。まだホッキョクグマの足跡は見ていないが、沿岸部にはクマの生息地もあるので注意が必要だ。彼らはどこから現れるか分からない。北極を歩く時はいつも、対ホッキョクグマ用としてライフル銃やショットガンを持つ。しかし、北極点を目指す時には前回もそうだったが銃は持っていない。銃と弾丸は重いし、北極点に近付くにつれてホッキョクグマの生息数は少なくなっていくので、持たないことにした。だからと言って、全く生息していない訳ではない。もし現れたら、クマ威嚇《いかく》用の殺傷能力ゼロの火薬や、熊撃退用の唐辛子スプレーなどで追い払うしかない。ホッキョクグマとはこれまで三〇回くらいは出合っているし、就寝中のテントを揺らされたことも二度ある。怖くない訳ではないが、銃がなくてもなんとかなるだろうな、という思いはあった。いや、なんとかしなくてはいけないのだ。

今日はさっそく乱氷が多く出現し始め、ソリを二台連結して同時に引けた場所はほとんどない。丸一日頑張ったが、進行距離はわずか四・二km。最初は、ゆっくりゆっくり、我慢しながら行くだけだ。

社会と繋がっていないことで感じる自由

一九八〇年代以降になって極地冒険の主流が人力徒歩に移行した。ロシアや北欧ではトナカイソリが使われた時代もあり、今でもラップランド（北欧）ではトナカイソリが生活の中で使われていると聞く。一九世紀以降、北米側のイヌイットの手法を取り入れた探検家たちは、積極的に犬ゾリを活用した。北極圏において犬ゾリの利点は、犬の食料を自給しながら進んでいけるという点だ。アザラシをはじめとした動物を狩猟していくことで、活動範囲を広げてどこまでも進むことができる。しかし、北極海に出てしまうと状況が変わる。北極海では生息する野生動物が乏しいため、犬ゾリで計画的に進行するために膨大な犬の食料を輸送する必要があるのだ。イヌイットの技術と犬ゾリを信頼して北極点を目指したピアリーはその輸送問題を解消するため、北極点までの行程を何段階かに分けて、最初は大量人員と複数台の犬ゾリで大量物資を先へと運び、段階を経て人員を帰還させ、最後に少人数の精鋭が目的地に達するという極地法（ピアリー方式）を考案した。一九七八年に日本人として北極点に初到達した池田錦重隊長の日本大学隊、その翌日に植村直己さんによる北極点到達、いずれも犬ゾリが使用されたが、この時代になると航空機での物資補給が多用された。

犬ゾリ主流の時代から変化が起きたのが、一九八〇年代だ。海氷が荒れ、獲物となる野生動物も少ない北極海においては、犬ゾリよりも人力徒歩のほうが効率的なのではないだろうか、そんな疑問の中から、体一つで挑戦する者たちが現れたのだ。一九八六年にはフランスのジャン＝ルイ・エチエンヌがソリを引いて単独徒歩で北極点に到達。この時は航空機での物資補給が五回行なわれている。今から思うと、北極点まで五回の物資補給は羨ましい限りだ。一九九四年にはノルウェーのボルゲ・オウスラントが、外部からの物資補給を受けない無補給単独徒歩で北極点に到達し、今に至るまでこれが唯一の北極点無補給単独徒歩の成功例となっている。

オウスラントが北極点を成功させた際には、私と異なりロシア最北端の島からの挑戦だった。ロシア側から北極点を目指すと、カナダ側から北極点を目指す時よりも距離は少し長くなるのだが、海流の違いもあってロシア側からのルートには乱氷帯が少なく、比較的平坦な海氷が続く。そのため、一般的にはカナダ側からよりもロシア側からの方が難易度としては低いとされていた。しかし、近年はロシア側も海氷が著しく薄くなったことで安定感を失い、多くの割れ目が障害となって挑戦者を阻んでいる。

今回の北極点挑戦には、ソリを前回同様に二台体制にした。無補給単独で北極点を目指すにあたり、私は五〇日分の食料をはじめとした物資を用意している。全物資の重量は一〇〇kgを超え、ソリが二台で約一五kg。トータル一二〇kgほどのソリを引いている。ソリを二台に分けたのは、出発直後に遭遇する激しい乱氷帯を効率的に越えるためだった。一台のソリに一〇〇kgの物資を積んでしまうと、壁のように積み重なった乱氷でソリを進めるのが非常に難しい。重すぎて一人では持ち上げられない場所が多くなるので、二台に分けて一台ずつ運んでいく。海氷が平らになったら二台を連結して引いていくのだ。唯一の北極点無補給単独徒歩の成功者であるボルゲ・オウスラントは、ソリ一台のみだった。平坦な海氷が続くロシア側では、一台のソリでも氷上進行に支障がなかった。

氷が荒れたら二台のソリを一台ずつに分けて、尺取り虫の歩みのように前進していく。これはソリが二台だから二度手間、ではなく、実は三度手間となる。まず一台を先まで運ぶ、空身で二台目に戻る、そして二台目を運ぶ。この時、同じ場所を行って戻ってまた行って、と三度通ることになる。ソリを二台に分けて前進する時、一kmを進むのに実は三km歩く必要があるのだ。単独行とチーム行の大きな違いがここにある。仮に二人での行動であれば、一人一台のソリに一〇〇kgを搭載しても、二人で協力して乱氷帯を運び進むことができる。「一人で二台のソリを運ぶ」のか「二人で二台のソリを運ぶ」のか、は決定的な違いがある。何事においても、助け合えるというのは大きな力なのだ。

私はあえての単独行だ。しっかりと実力を持った者同士が組んだチーム行は、確実に単独行よりも北極点に行ける可能性は増す。しかし、それは困難な挑戦をより簡単に、確実にしていくということで、自分にとってはどこか面白味に欠ける。今の自分の能力であれば、途中で外部からの物資再補給を受けない無補給、そして単独で北極点に行けるはずだ。行ける自信がなければ挑戦をしないが、行ける保証ができてしまったらやる意味を失う。もはや探検的な意味において、地上の空白地はとっくに失われているが、北極海においては時代と共に海氷減少による変化も激しく、過去の常識や手法が通用しなくなっている。自分にとって、その場所が前人未踏かどうかには特に魅力を感じない。困難さの故に前人未踏であるというのであれば、それはそれでやり甲斐はあるが、あくまでも困難さの指標としての前人未踏性に惹《ひ》かれるだけだ。北極点は、観光客が飛行機で直接乗り入れるくらいに手垢《てあか》のついた、前人未踏とは程遠い場所だ。だが、変化が激しい今の北極海を、私はその世界を見て体験してみたいという衝動がある。無補給単独徒歩で北極点到達を果たしたボルゲ・オウスラントの成功例からすでに二〇年が経過していながら、第二の成功者が生まれていないのは、この二〇年における海氷の変化の激しさに対応できていないことが要因と言える。挑戦者はいたが、余さず跳ね返されている。今、二〇年前のオウスラントの手法をそのまま真似《まね》ても、北極点には行けないだろう。その当時よりも海氷が薄くなり、流動性も増していることからもはや別の場所になっているのだ。現代においての北極点無補給単独徒歩を実現させるやり方が誰にも分からないからこそ、やる意義がある。やり方を考え、試し、駄目なら修正してやり直す。その果てしない繰り返しがあるからこそやり甲斐を感じるし、一つの判断による結果も責任も全てを自分主体で負うことで得られる自由にこそ、実行するに値するものがある。

二〇〇〇年に大場さんに連れられた初めての北磁極行で、最後に北極海の大乱氷帯を見た時のことは忘れられない。北磁極まで三五日かけて七〇〇㎞を歩く中で見てきた、比較的穏やかな海氷が続く島嶼部の姿と、猛り狂うように氷の荒れる北極海の激しさは全く別物だった。素人同然だった私にとって、世界の冒険家たちはこんな激しい世界を体一つで乗り越えていくのか、という衝撃を感じた。その人間離れしたような能力を得るために、どれだけの情熱を注ぎ、経験を積み上げたのだろうかという感動があった。そんな人たちへの憧れと、また自分でもそれをやってみたいという、密やかな衝動が芽生えていた。

以来、その翌二〇〇一年からは一人での北極通いが始まる。極地冒険は指導者がいて手取り足取り教えてくれるような世界ではないため、現地で出会う世界各国の冒険家やイヌイットの人々に生活技術を学び、それを試して失敗しながら少しずつ技術を吸収していった。分からないことがあれば経験者に話を聞きに行った。最初のきっかけが偶然テレビを見たことから始まった北極の冒険も、渡航を重ねるごとに北極の難しさ、面白さを見出せるようになり、それが何度も北極へと足を向かわせる原動力になった。北極に行き続ける理由は、後付けで発生していったと言える。北極の冒険は情報が極めて乏しく、それが多くの人が訪れない理由であったが、翻ってそれこそが私が何度も訪れる理由の一つでもあった。行く人が少なく、そこを歩く人が極めて少ない。だからこそ、自由なのだ。自分の裁量で、これまで試されていないことを実現できる余地が残されている。装備、手法、場所、それぞれに余地がある。自然の中に身を置けば、制約だらけで命の保証もない。意のままにならない自然の中に体一つで入っていくからこそ、主体的に考え、責任も結果も全てを自分自身が請け負う必要がある。制約下で意のままにならない選択をする権利は、自分の意のままにある。

通信機器を一切持たずに北極の旅に出たことがある。村から村へのひと月以上、外部と完全に連絡を遮断し、自分が今どこにいるのかを誰も知らない。生きているのか死んでいるのかも、誰にも知られない。そんな状況に身を置き、深く自然の中を旅している時に心から自由だと感じた。社会と繋がっていないことで感じる自由とは、自分がミスを犯せば自分が死に、全ては自分の責任である、そういうことだ。航空機でのアクセスを前提とした現在の手法による北極点への冒険では、通信機器がなければ北極海に立つことも、そこから離脱して人間社会へ復帰することもできない。衛星電話を持つことは今のやり方で冒険を行なう限り必要不可欠なものであるが、一度味わったあの「自由」は、やはり忘れられない体験なのだ。何も、社会との関係性を断ち切らないと自由が獲得できないと言っている訳ではない。自由を獲得するには、どれだけ自らの行為に責任を負うことができるか、そして自分の人生は誰のものでもなく自分のものである、と信じられるかどうかだけだ。

私が憧れを持つ探検家、スウェーデンのサロモン・アンドレーは、自分自身こそが自らの人生の主人である、という生き方を実践し、一八九七年に気球を使って北極点到達を目指した。

当時まだ北極点が前人未踏の場所で謎に満ちていた時代、氷上を辿《たど》っての挑戦が何度も行なわれながらことごとく失敗に終わっていた。スウェーデンの機械技師だったサロモン・アンドレーは、それまで誰も考えなかった空からの到達を思いつき、その手段として気球に目をつけた。

サロモン・アンドレーは、一八八二年に世界一二ケ国が参加して行なわれた第一回国際極年（極地の気象や地球物理の観測を行なう国際共同研究事業）に観測機器の技師として参加し、ノルウェー北部のスバールバル諸島スピッツベルゲン島に赴任した。そこで初めて北極の気象に触れ、その時すでに関心を持っていた気球への興味と融合されて、その後の北極点挑戦に繋がっていく。

気球を使って北極点を目指すにあたり最大の弱点は、気球が風まかせにしか飛べない、という点だった。気球で北極点まで行こうとしても、行きたい方向に思い通りの風が吹き続けてくれるということはあり得ない。現代の発達した機器による熱気球であれば、こまめに浮力を変えながら高度の変化で異なる風を捕まえ、ある程度の方向転換はできる。しかし、アンドレーの時代のガス気球では浮力も弱く、細かい高度の調整などできないに等しい。それでもアンドレーは、風まかせにしか飛べないというガス気球の弱点を克服する手法として、帆を利用することを思いつく。だが、よく考えると風と一緒に飛んでいる気球の上で帆を広げたところで、周囲は無風状態のため帆に気球の進路を変える力は発生しない。しかし、アンドレーは気球から重く長いロープを垂らし、氷上を引きずる抵抗によって気球が飛ぶ速度を風よりも相対的に遅くし、風と気球に速度差が発生することで帆での方向転換が可能になる技術を利用した。実は、このロープを利用する方法というのは、アンドレーよりも六〇年前にイギリスのチャールズ・グリーンという人物によって考案されており、グリーンはその方法によってロンドンからドイツの町までの七六八kmを一八時間で飛行している。アンドレーがその事実とロープを用いる方法を知っていたのか、自ら考案したのかは不明だが、それを北極海で実践してみようという心意気を大馬鹿者と呼ぶか天才と呼ぶかは紙一重の差でしかない。大体において、この世でとんでもないことをやってしまう人間とは、そういう人物だ。

一八九七年にアンドレーは二人の仲間を伴い、北極海に面するスバールバル諸島北西部のデーン島を飛び立った。アンドレーの支援者には、ダイナマイトの発明で財を成したアルフレッド・ノーベルや、北東航路を通過しユーラシア大陸周回航海を行なった大探検家アドルフ・エリク・ノルデンショルド、スウェーデン国王などが名を連ねていた。決して無謀な冒険野郎による一か八かの行為ではなく、極めて科学的で挑戦的な野心溢れる一大プロジェクトだったのだ。

アンドレー一行は、デーン島を飛び立ったのを最後に、生きて帰ってくることはなかった。誰もが、アンドレーたちは北極海の藻屑《もくず》と消えたのだろうと思った。しかし、その三三年後、突然アンドレー探検隊の行方が世間に知らされる。

一九三〇年、とある捕鯨船の一行がスバールバル諸島の北東部に位置するクヴィトヤ島という無人島で、アンドレー一行の遺体や散乱した装備品を発見したのだ。そこで発見された日誌や写真の記録から、彼らが離陸して三日後、四〇〇㎞ほどを飛行した後に氷上へ不時着し、再離陸が不可能になったことから氷上を歩いてクヴィトー島までやってきたことが分かった。アンドレーの日誌には、体力の消耗からそれ以上の進行が困難となり、二人の仲間も力尽きていく様子が記されていた。

アンドレーは創意工夫の人だった。機械技師としての極めて理論的な思考と、誰も到達していない場所に誰も実行したことのない手法での到達を目指す野心に溢れていた。極めて困難な課題に、独創性で新たな地平を切り開こうとしたアンドレーの姿勢に憧れる。デーン島を飛び立ち、真っ白な北極海に向けて飛行を続けるアンドレーの姿を想像すると、きっと科学的な課題や社会的な期待を負う一方で、自分自身の思いが具現化した装置としての気球に身を委《ゆだ》ねてふわふわ飛んでいる時、きっと最大級の自由を謳歌《おうか》していたのではないかと思う。なんと羨ましい。

結果的に彼らは北極点の遥か手前までしか行くことは叶わなかったが、時代がアンドレーに追いついていれば結果は違ったかもしれない。

北極海の恐ろしさ

やたらと暖かい日だ。日中の気温は氷点下二〇度ほど。東風なのも気になる。二年前の北極点スタート直後は日中の最高気温が氷点下四五度、夜間は氷点下五〇度を連日下回っていたことを考えると、なんとも春のポカポカ陽気である。

いくつものプレッシャーリッジ（氷丘脈）が現れ出した。集中した海氷の圧力で壁のように隆起したリッジは、大きなものは高さ一〇mはあるだろうか。巨大なプレッシャーリッジを衛星写真で確認すると、まるで万里の長城のように氷上に白い線がくっきりと刻まれている。諏訪湖《すわこ》の御神渡《おみわた》りの大親分のような、氷上に隆起した巨大な壁である。一つ何トンの重さがあるのか分からない、自動車くらいの大きさの海氷が何層も積み上がる姿は、海氷の圧力の激しさを現している。

「これを越えるのかよ」と、ため息交じりでスキーを外してプレッシャーリッジを攀《よ》じ登り、五mほどの高さから進行方向を見渡すと、ゴツゴツと露出した海氷ブロックが遠くまで不規則に転がっているのが見える。

「こりゃ、すげえや。めちゃくちゃだ」

荒れてはいるが、このリッジを越えたらしばらくはまっすぐ行けそうだ。

リッジの上から見渡しても、目の届く範囲はたかが知れている。とりあえず見えている状況を確認して直進、海氷が荒れたらまた偵察して確認し、進行方向を決めるという果てしない連続だ。

壁のようなプレッシャーリッジの前に立ち、さあ気合入れて行くか、と自分を鼓舞して一台目のソリを持ち上げる。海氷を攀じ登り、ロープを引いてソリを一段ずつ運び上げる。こういう時に、もう一人欲しい。ここでちょっと後ろから押してくれれば持ち上げられるのに、という場面が多々ある。

「せーの」と掛け声をかけて、ロープを引っ張ってソリを持ち上げる。そのソリが滑り落ちていかないように、腕にロープを巻き付け、足元を確認しながら海氷を一段登ってまた引き上げる。手頃な段差の窪《くぼ》みにソリを置き、腕を休ませるとまたソリを持ち上げる。リッジを登ると、次はソリを下ろす。ロープを確保しながらソリを先に下ろしたり、自分が下になってソリを支えながら徐々に段差を下ろす。乱暴に扱えば、重いソリが落下の勢いで海氷に激突してソリ本体が壊れてしまう。

ソリを上げ下ろしする中で足を滑らせたり、重いソリが自分に向かって突進して怪我をすることがあるので慎重に運んでいく。仮に深刻な怪我を負って救助を要請したところで、この場での救助は期待できない。最寄りで人が住むレゾリュートの村から北極海までは一〇〇〇km以上離れている。救助に来るためには航続飛行距離の長いプロペラ飛行機が唯一の手段となり、飛行機であるからには、海氷上に滑走路と成り得る三〇〇mほどの障害物のない真っ平らな雪面が必要となる。この条件が、北極海においては見つけるのがなかなか難しい。救助が必要なほど深刻な怪我をする場面とは、大体において海氷が荒れている場所だ。飛行機が降りられるくらいの真っ平らな氷の上では怪我する可能性はほとんどない。骨折などの大怪我をするとすれば、そこは乱氷帯なのだが、そうした場所へは外部から救助に来ることはできないのだ。北極海では、救助要請することはできても、救助されることは期待できない場所であるということだ。

今日もいくつもの乱氷を越え、疲労困憊《こんぱい》だ。夕方四時を過ぎると陽が沈み、周囲が見る間に暗くなっていく。乱氷帯の合間に平らな海氷を見つけ、テントを張るのに良さそうではあったが、まだ日照もあるので時間がもったいない。先に進み、五時半頃にいよいよ周囲が真っ暗になってきたあたりでキャンプを設営した。今日も進行距離は四・四km。本当はソリ二台運搬の三度手間でこの三倍は歩いているはずなのだが、仕方ない。先が思いやられる。


カナダ側から北極点を目指す時、最も乱氷が激しいスタート直後の北緯八三度から八四度までの緯度一度（一一一km）を何日で通過できるか？　がその後の運命すら決める一つの山場となる。私は、前回の経験や過去の挑戦者たちの記録などを考慮して、最初の緯度一度通過に一二日を想定していた。

しかし、この年の北極海の海氷状態による乱氷の発生規模は、例年を上回る「スーパー乱氷帯」とも呼べるものだった。過去の北極点挑戦の例では、最初の緯度一度通過に一ヶ月近くを要した隊もある。二年前と比べても、明らかに乱氷の規模が大きくなっていることを感じ、こりゃあ当たり年を引いちゃったかな……という思いがあった。これまでの北極遠征の中でもたくさんの困難があったが、今回は群を抜いて厳しい。氷が荒れすぎだ。

意識的には平静を装っているが、心の底では常に時間の制約を意識し、乱氷に阻まれ思うように進めないことに苛立《いらだ》つ。氷の隆起にソリが引っかかり、何度も足止めされるたびに「なんでこんなに乱氷が酷いんだよ。クソ！」と愚痴が出る。一時間頑張っても二〇〇mほどしか進まないような、終わりの見えない混沌《こんとん》の中でぼやき、文句を言いながらも不思議と足は前に出る。いや、前に出すしかない。意識は常に前にある。早く終わりたくて仕方ない、早く帰りたくて仕方ない。であれば、この苦行のような毎日から離脱するために、一分一秒でも早くゴールする以外に取り得る行動はないのだ。来たくてこの地にやってきたくせに、始まると帰りたくて堪《たま》らない。意識上の恐怖はない。スタート前に泣いたことで、恐怖は無意識下に追いやられているのが自分でも分かる。しかし、それは自分の身を守るために、客観性を死守するために自分の脳が勝手に行なった防衛策だ。恐怖も不安も、無意識下には存在している。無意識に抑えている恐怖心や不安が解放されるのは、全て終わった後なのだ。

前回の北極点挑戦の直後もそうだった。北極海からレゾリュートの村に引き揚げ、村の宿で寝ていると、なかなか熟睡できないのだが、ようやく睡眠に落ちたか落ちないかというところで寝返りを打った手がベッドの縁から外れた瞬間に「やばい！　氷が割れた！」とベッドから跳ね起き、真っ暗な部屋の中、絨毯《じゅうたん》の床に四つん這いになりながら「氷が！　氷が！」と必死で海氷状況を確認する自分がいた。しばらくすると「ここはどこだ」と我に返り、半信半疑のまま「もう終わった

激しい乱氷帯。乱氷の発生規模は、例年を上回るものだった

んだな、氷の上じゃないんだな」と自分に言い聞かせ、またベッドに潜り込むのだが、一時間くらいするとまた不安感が胸の奥底から湧き上がり「ピックアップの飛行機が来ない！　連絡しなきゃ！」と焦ってベッドから飛び起きる。そんなことを一晩に何度も繰り返し、それが一週間ほど続くのだ。過度な恐怖心からの、一時的なＰＴＳＤ（心的外傷後ストレス障害）のようなものだろうか。長年北極を歩いてきたが、それほどの恐怖感を覚えたのは、前回の北極点挑戦が初めてだった。北極海の恐ろしさを、理屈でなく心の奥底から知った。今回の出発時、意識的には忘れていたその恐怖が、知らずに蘇《よみがえ》ってくることで泣いたのだ。そして、泣くことで無意識下の恐怖と向き合い、自動的に恐怖心を切った。完全に、マシン化していく自分がいる。

危険と困難

今日も氷点下三五度ほど。前回は一〇度は気温が低かったが、ずっと低温環境に身を置いていると、氷点下四五度から氷点下三五度に上がると「春が来たな」と暖かく感じるものだ。

一時間ほど歩いたところで五分程度の休憩をする。ソリに腰掛け、ソリのカバーを開けると行動食の袋とサーモスを取り出した。

「さて、今日のお昼ご飯は何かな」

なんて、一人で誰も聞いていない冗談を自分に対して言った。今日のお昼は何かな？　と言ったところで、お昼ご飯である「行動食」は毎日全く同じものだ。

メインは日本出発前に自宅の台所でつくっていく自作のチョコレートバーである。大量のチョコレートを湯煎《ゆせん》で溶かし、そこに胡麻《ごま》やきな粉を混ぜ、大量の食用油を混ぜ込んで固めたものだ。油を大量に入れることで、カロリーの元である脂質を摂取できるという点と、寒冷地でガチガチに硬く凍ってしまうチョコレートが柔らかく食べやすくなるという利点もある。

とはいえ、やはり氷点下三五度にもなると、そのチョコレートも硬く凍ってしまう。タバコの箱くらいのブロックに切ってあるチョコレートをジップロックから取り出し、前歯で齧《かじ》るが言葉通りに歯が立たない。リスが硬い木の実を前歯でガリガリ齧るように、少しずつ削って食べていく。口に入れると、油の作用もあってすぐに溶けて食べやすい。味はチョコレートに胡麻ときな粉を足した味だ。油っぽさはほとんど感じない。私はいつも、北極を歩く時にはこのチョコレートを自作している。これが美味《うま》いのか？　と問われれば、最初は美味《おい》しくないが、ある日を境に美味しくなる瞬間が訪れるのだ。

正直、スタート直後は、硬い石のようなチョコレートを食べるのも苦痛を伴う作業である。体が消耗しないように、義務で食べなくてはいけない。「なんだよ、この硬ぃのは、美味くねえなぁ」という気分である。食べる目的は、完全にエネルギー補給のためで、給油作業みたいなものである。

しかし、日を追うごとに体の消耗が進み、体から脂肪が失われていくと、ある日を境にこの高カロリーなチョコレートが猛烈に美味く感じるようになる。そして、ついには「日本に帰ったらこのチョコレートを山ほどつくって毎日食べまくってやる」とすら思うようになるのだ。その「美味しく感じるまでの日数」が、遠征ごとの体の消耗具合を測る一つの指標にもなる。今回は何日目に感じたな、いつもより早いな、遅いな、という具合だ。あえて毎日同じものを食べるのは、美味しく感じるようになるのが体の消耗のためなのか、それとも味覚の問題なのか判断しやすくするためでもあった。食事に対して日々の心の平穏を保つような作用は求めていないし、食べることだけが唯一の楽しみだから食事くらいは多少豪華に美味しく、とは考えない。言ってしまえば、体が消耗すれば何を食べても泣くほど美味いのだ。

休憩中には、チョコレートを食べながらお茶を飲む。サーモスには朝の出発準備でつくっておいたお湯に紅茶のティバッグを一つ入れてある。重いソリ引きで体は暑くなるとはいえ、風が強い日は手先や足先がどうしても冷える。そんな時、熱い紅茶を一口飲んで内臓に直接熱を届けると、手先足先に電流が伝わるような衝撃を感じ、急に指先が温かくなる。熱が通った！　と感じるのだ。凍傷を予防するためにも、温かい飲み物をこまめに摂って、深部体温を下げないことは重要だ。

向かい風の中を歩いている時などは、休憩ごとに顔を撫《な》で回し、凍傷になっていないかを確認する。頬が凍傷になると、最初は触っても感覚がないので注意が必要だ。

私は指先が凍傷になったことは一度もない。頬などには、向かい風の中で小さい凍傷を負うことはどうしてもあるが、それらは数日放っておけば跡形もなく消える程度のものだ。それと指先の凍傷とは訳が違う。

「あまりにも寒すぎて凍傷になった」と言う人がいるが、私にはその言葉は理解不能だ。凍傷とは、寒くてなるものではない。では、何によって凍傷になるのかと言えば、それは「無知」が招くものだ。

結果的に寒さが直接の要因として起こる凍傷という現象には、そこへと至る確かな理由がある。なぜ凍傷になるのか？　ということに対しての不勉強、装備の不具合、ちょっとした油断、守るべき手間の省略、凍傷とはそれらによって引き起こされることであり、寒さは最初から分かっているはずの前提条件に過ぎない。前提条件が困難さの理由であるとすれば、それは備えが悪いという一言で済まされるべきものである。最初から分かっていたことでしょう？　ということである。自然の中での困難とは、寒さが気温何度といったような数値化できる前提条件で示されるものではなく、ある状態から別の状態への「変化」が起こる時にあると私は思っている。その変化の程度が大きくなるほど、危険に傾く。

分かりやすいところでは、天候の変化だ。晴れていたと思ったが、急に吹雪《ふぶ》いた時にそれに対応できるか？　視界が急に悪化した時に、安全を確保できるのか？　などだ。

北極海では、この「変化」が非常に激しい。それは、揺れ動く海氷の上を漂いながら進行していくという点に、最大の要因がある。自分の居場所ですら、ジッとしていても常に変化していく。テントを張って一晩過ごすうち、海氷が激しく動いて周囲の風景が朝には変わっていることもある。異音で目が覚めてテントの外を確認すると、わずか一〇m先で海氷の圧力が集中し、寝ている間に新しいプレッシャーリッジが発生し始めたこともあった。もしテントを張る位置が一〇mズレていたら、海氷の破壊に巻き込まれて死んでいただろう。周囲の状況を見て、ベストとは言えなくてもベターな場所を探してテントを張るのだが、少しの判断ミスで自分の真下が割れ目となるかもしれない。安全な海氷など存在しない。北極海上では、恒常的で潜在的なリスクがふわふわと漂う。

危険な要素がなければ冒険にはなり得ない。「冒険」という言葉が「危険を冒す」という意味であることがそれを語っている。リスクが存在していることが前提なのだ。リスクは地雷のようなものだ。地雷はそこに埋まっているだけではただのリスクとして、地下に潜在しているに過ぎない。それを「踏む」ことで初めてリスクが顕在化するのだ。経験の浅いうちは、どこに地雷が埋まっているのか特徴や傾向を知らないため、経験者には簡単に見分けがつくような地雷をあっさり踏んでしまったりする。人によっては、あえてちょっと踏みたくなってしまう人もいるかもしれない。致命傷にならなければ幸いだが、北極海では一つひとつの地雷たるリスクの威力も強大だ。凍傷、落水、ブリザード、乱氷帯、様々な危険要素が踏まれて爆発することを待っている。経験を積み、知識を得て、技術を磨き、備えを施すことで地雷の埋まっている箇所、リスクが存在している箇所が見えるようになってくる。あとは、自分の足をどこに置くのかを選ぶだけだ。踏み出す一歩に、明確な理由があるか？　行動の全てに主体性が存在してるか？　常にそれを内省しながら何事も起こさずに進んでいくのだ。やがて、激しい地雷原を平和な野原のように何事もなく歩くことができると、それを見た第三者に「あそこは安全なんだ」と勘違いをさせるほどに、淡々と進んでいくようになる。野球の世界では「名選手ほどファインプレーをしない」とも言われるが、そういうことだ。冒険の現場とは、インディ・ジョーンズの映画のように次から次へとアクシデントの連続で、終始ヒヤヒヤしながら命からがら進んでいく、なんていうものではない。何も起きないように、起こさないようにしていくのだ。

危険は環境としてそこにある。困難とはその環境下に身を置く自らの状態のことだ。北極の自然を人間が操作できないように、危険の量を変えることはできない。しかし、困難さとは自身の経験や知識、技量や準備や心構えによって大いに変動する。

環境が招く危険は回避するべきだが、自身の困難には立ち向かうべきなのだ。

あんな思いは二度としたくない

出発一〇日目を過ぎ、乱氷の合間にリフローズンリードが現れ始めてきた。リフローズン、つまり再凍結したリードである。リードとは、氷が割れて海水が河のように露出した状態を指す。海氷にできた「ヒビ割れ」みたいなことだ。凍結した海氷に作用が働き割れることで発生するリードには、一歩で跨げるくらいの小さなものから、対岸までキロ単位に広がるほど巨大に成長するものまである。凍っていなくてはもちろん歩くことはできないが、数日経過すると寒さで表面が再凍結していく。そのようなリフローズンリードは、氷の上でソリが引けるため、積雪による摩擦抵抗がなくソリが軽く感じる。真っ平らで非常に歩きやすい、まさに高速道路である。

この日もいくつもの新しい小リード、そして再凍結した大きなリフローズンリードが現れた。ひと目で分かる再凍結のリードであるが、氷が充分に厚くなっていなくては渡ることはできない。氷の厚さが一〇cm以上になればスキーを履いて安心して歩ける。厚さが六cmくらいだと、まだ危うい。手に持っているスキーポールの先端で凍ったばかりの海氷を突いて、厚さを充分に確認してから渡る。スキーを履く理由の一つが、このような薄い海氷を歩く際に体重を分散させて、氷を割らずに進むためである。

まだ微妙な厚みで、渡れるかどうか判断に迷う時もある。

乱氷の合間に現れたリフローズンリード

安全確認には見た目も重要だ。まだ薄い海氷は、海の底を覗き込むような黒々とした不気味さがある。凍ってしばらく経つと、海氷の表面にフロストフラワーと呼ばれる「霜の花」ができる。フロストフラワーの発生具合でも、厚みが判別できるようになってくる。

再凍結した海氷の厚みをしっかりと確認し、そうっとスキーを一段低くなった海氷面に下ろし、徐々に体重を預けていく。慣れないうちはヒヤヒヤものだ。二年前の最初の北極点挑戦の時には、この厚みの判断を誤り、そのまま氷を踏み抜いて落水したことがあった。幸い、落ちる可能性も考慮しながら厚さの確認を行なっていたため、落ち方がよく、すぐに這い上がり、全身ずぶ濡れになったがすぐにテントを設営し、コンロの火を全開にして濡れているものを乾かして事なきを得た。あの時の「あ、やばい」という感覚は今でもはっきり覚えている。一度経験すると、あんな思いは二度としたくない、という思いからより慎重になるものだ。

夕方、陽が西の空に移った頃、西の水平線に低く張りつくような雲が見えた。その雲の存在に気づいた瞬間、すぐにウォータースカイだと悟った。表面が凍っていない、割れた直後のリードがあると、海水から大量の水蒸気が立ち昇る。これは、気温と水温の温度差によるものだ。水温は零度近辺と非常に冷たいが、外気温が氷点下四〇度となれば気温と水温の温度差は四〇度である。気温零度の冬の日に湯温四〇度の露天風呂に入ることを思い起こせば、もうもうと湯気が立つのが理解できるだろう。それと同じ現象が、北極海でも起こる。リードから発生する大量の水蒸気は、冷たい外気に晒《さら》されて低いところで凍結し、雲のようなものをつくる。遠くにある見えないリードの存在を知らせてくれる雲を、ウォータースカイと呼ぶ。西の空に見えた規模の大きなウォータースカイは、その下に巨大なリードが存在していることを知らせているのだ。

西の空に太陽が落ちていく。水平線に近くなっていくと、次第に太陽がひしゃげた菱餅《ひしもち》みたいな形になる。リードから上昇した熱による蜃気楼《しんきろう》のような現象だ。海水が太陽光を屈折させる熱源になっている。西側に巨大なリードが発生していることは、間違いない。見えない脅威を観察によって察知し、出合う前からあらかじめ回避行動を取ることも、北極海を歩く上では必要不可欠の能力である。

一〇日目が終了して、今日のキャンプは北緯八三度二六分。スタートからの進行距離は四五㎞だ。想定の半分しか来ていないが、北極点に迫った最終盤には毎日二〇㎞は進行するため、足りない四五㎞は一日半で歩いてしまう距離でもある。まだまだ悲観的になる必要はない。そう自分に言い聞かせた。

昨日の夕方から風が強くなり、腕時計に内蔵されている気圧計の数値も下降を示していたため、今日はブリザードになるかな？　と少し期待していたところがあった。ブリザードになれば強制的に停滞となるため、休養が取れる。私には「動かない日は動けない日」という考えがある。歩ける天候である限りは必ず前進するため、ブリザードが来なければ休養日なしで何日でも進み続ける。出発一三日目で一日も休んでいない。ここ最近、疲労感が残り始めているし、やたらと空腹感を覚えるようになってきた。とにかく腹が減るのだ。二台を交互に運搬していく三度手間と、乱氷をいくつも引き上げる肉体の酷使で疲労が蓄積している。出発直後の元気だった体から徐々に脂肪が消費されているのが分かる。そうなると、日々の考えることが食べ物ばかりになってくる。随分と、空腹感を覚えるのが早い気がする。これが体が消耗し始めている兆候であることはこれまでの経験で理解していた。

二言目には「腹減ったなぁ」が口から出るようになっている。この空腹感も後半になるにしたがい激しさを増し、寝ていても見る夢は食べ物ばかりになっていく。

空腹が進むと、こんな夢をよく見る。とあるスーパーマーケットの前に立ち、外国のスーパーで使うようなデカいカートをガラガラ押しながら自動ドアを入っていく。その巨大カートにステーキ肉、ケーキ、フルーツ、ハンバーガー、とにかく食べたいものを山積みにしていくのだ。もう載せられない、というくらいに山積みになった食料を見ながら、最高に幸せな気分に浸ったところでハッと目が覚める。「マジかぁ、夢かよ」と、幸せな気分から一転、今のが全て夢だったと気づき寝袋の中で悔しさに打ちひしがれて心底ガッカリするのだ。

重いソリと激しい乱氷による運動量、低温化での体の代謝量増加、それらにより北極遠征中は毎日七〇〇〇〜八〇〇〇kcalのエネルギー消費をする。一方で、日々の摂取カロリーは平均すると毎日五〇〇〇kcal程度だ。消費カロリーに対して摂取カロリーが足りていないことが、激しい空腹感と体が消耗していく要因ではあるが、それも全ては計算の上である。「平均すると毎日五〇〇〇kcalの摂取」とは、スタート直後の摂取は一日四〇〇〇kcalほどで、日を追うごとに五〇〇〇kcal、最終盤には六〇〇〇kcalと増やしていくことにある。なぜそのような差をつけるかと言えば、スタート直後でまだ体が元気な時には、いくら日々のカロリー消費が多いとは言っても、体にまだ危機感がないため、大量に摂取した栄養を胃腸は頑張って吸収しようとせずに、かなりの割合（特に脂質）を排泄《はいせつ》してしまう。食べても吸収されなければ意味がない。ソリが最も重く、気温も低いスタート直後は消費カロリーは八〇〇〇kcalほどで、摂取は四〇〇〇kcalである。つまり、結果として見る間に痩せていくのだ。冒険の前にはあらかじめ体に脂肪をつけておくことで、不足の四〇〇〇kcalは体の備蓄燃料を燃やしてカバーする。ラクダが背中のコブに栄養を備蓄していくようなものだ。口から摂取できるものの中で、重量当たりのカロリーが最も高い食品は、言うまでもなく「油」である。サラダ油やオリーブオイルは一g当たり九kcalの熱量がある。軽くてカロリーを最大に摂取できることのみを考えれば、ひたすら油を飲み続ければいいのだが、人間の体は他の栄養素がなければ効率的に動かないのは当たり前のこと。炭水化物、タンパク質などはグラム当たりの熱量はせいぜい三〜四kcalほどだ。冒険中の食料は、必要な炭水化物、タンパク質、脂質の量を考慮しつつ、全体の重量を一日一kgで五〇〇〇kcalを目安としている。つまり、私が持つ食料は一g当たりの平均が五kcalである。体に纏《まと》っている体脂肪は食用油と同じくグラム当たり九kcalの熱量を持つ。出発直後、まだ体に脂肪の蓄えも充分あり、余裕があるうちは口から摂取した熱量のうちいくらかの割合は排泄されてしまう。であれば、口からグラム当たり五kcalを摂取するよりも、体についたグラム当たり九kcalを燃焼したほうが、二倍近く効率的であるのだ。また、重いソリを引く時には体重が重いほうが有利である。重い体で重いソリを引き、日が経つにつれてソリが軽くなるのと比例して体も痩せて軽くなっていく。前半、カロリー不足で体の消耗が進み、内臓が危機感を覚えて吸収を頑張り始めたところから食料を増やし、摂取カロリーを増やしていくことで、持っている食料を無駄なく最大限の効率で使用することができる。最終盤、ソリも軽くなり気温も上昇してくると、消費カロリーは七〇〇〇kcalほどに減る一方で摂取は六〇〇〇kcalと増え、不足の差は縮まる。これが私の栄養摂取計画の基本となっている。しかし、あまりにも激しい乱氷帯とそれに伴う日数の遅れが次第に食料計画に狂いを及ぼし、この後、徐々に私を苦しめていくこととなる。

食事がやたらと美味しく感じるようになってきた

北緯八三度三〇分を過ぎたあたりから、海氷の状況が変化してきた。二年前も確か同じだったと記憶している。陸から離れていくにしたがい、パンケーキアイスと呼ばれる巨大な氷盤が形を残すようになってきている。乱氷の合間に平らなスペースが現れるようになり、距離も少しずつ延ばせるようになってきた。

距離を延ばせるようになってきてはいるが、それでも激しい乱氷による遅れは明らかだった。いつの時点で二台のソリを一台に集約するか？　歩いていても常に悩む。乱氷が激しく、二台分割運搬の三度手間に時間がかかりすぎているのだ。早くソリを一台にしたいのだが、まだ早すぎる気がする。この先も激しい乱氷帯はいくらでも現れるだろう。

夜七時、日没後にキャンプ。高緯度地域では、この時期の日照時間は毎日三〇分ほど延びていく。スタート直後には五時間ほどしかなかった日照も、この二週間で一二時間ほどまで延びた。テントの中でも、ヘッドライトを使わずに日記が書けるようになってきたのが嬉《うれ》しい。

夕食のアルファ化米にバターをたっぷり投入し、カナダで準備中に購入したチーズとペペロニ（ソーセージ）を入れ、カレールーで味付けする。

義務のように食べていた食事がやたらと美味しく感じるようになってきた。「あれ？　こんなに美味かったかな」と気づいた。

「俺は今、世界で一番美味いカレーを食ってるな」

そう確信できるほど、美味いのだ。おそらく、同じものを普段の食卓に並べられたら相手にキレるレベルの味であるはずだが、空腹は最高の調味料、とはよく言ったものだ。

冒険中は、自分が持っている食料が何よりも美味しく感じてくる。目の前にはないが、世の中にはもっと美味しい食べ物がたくさんあることは知っている。ただ、不思議とここにないものは欲しいと思わない。ないものに目を向けるのではなく、目の前にあるものの大事さがよく分かってくる。それはこれまでの冒険の経験の中で身につけた習慣なのか、それとも性格から来るものなのか、あるいは両方なのかは分からない。

いつもより、食事が美味しく感じるのが早い。やはり体の消耗が早いのだ。

食事の後、衛星電話で日本への定時交信を行ない、今日のキャンプ地の緯度と経度、気象状況などを一通り伝えた。衛星電話のバッテリーを無駄遣いしないように、会話は必要最低限である。こちらの状況を伝えると、日本からの連絡事項や情報をもらう。私とほぼ同時期に、同じディスカバリー岬から北極点を目指してノルウェー人の二人組と、アイルランド人の二人組が出発していたのだが、ノルウェーのチームは乱氷の激しさにスタート二日目にして断念を決め、出発地点のディスカバリー岬からレゾリュートの村に引き揚げたらしい。また、アイルランドのチームも、乱氷帯で負傷したことにより撤退したそうだ。さらに、四日前にアメリカ人の二人組のチームが無補給での北極点到達のためにディスカバリー岬をスタートしたという。ノルウェー、アイルランド、アメリカの各チームとはレゾリュートでの準備中に同宿で一緒だったため、顔馴染《かおなじ》みとなっている。ノルウェーチームは、まだ若い二〇代半ばの男性ペアでパワーはありそうだったが、話を聞くと極地経験は乏しかったため、厳しいだろうと思っていたが案の定だ。アイルランドチームは、二年前の時にも一緒だったこともあり、お互いによく知る仲である。経験はあるが、実力的には疑問点のあるチームだったので、あの乱氷を突破できなかったのは残念だが仕方ない。アメリカチームは最も実力と経験のある二人組だ。リーダーのエリック・ラーセンは、これまでに二度の北極点への遠征経験を持ち、高所登山の世界でも名を馳《は》せる冒険家として有名だ。

現在、北極点を目指すチームは、この広い北極海に先行する私と後方にいるアメリカチームの二組だけとなった。

夜半から風が吹き始めたようだ。朝の起床時間を告げる腕時計のアラーム（腕につけていると寝袋の中で聞こえないため、寝袋内の耳元に置いている）が鳴ったが、テントを揺らす風が憂鬱《ゆううつ》な気分にさせて、なかなか寝袋から出られずにいた。猛烈に行きたくない気分である。しかし、歩けないほどの天気でもない。行かなくてはならない。

最悪の気分を押し殺して身を起こし、ＧＰＳで現在位置を確認すると、昨夜のキャンプ設営時よりも三〇〇ｍほど位置が動いていた。この風によって海氷が流れているのだ。北極海の奥深くに進むに連れて、海氷の動きはさらに激しくなっていくだろう。

テントを撤収して出発すると、曇り空で太陽光がぼんやりして風も強いため、視界は最悪。足元を流れるように雪が吹き飛び、西からの強風が北進する私の左半身を強く叩いた。

周囲をよく見ると、かなりハードな乱氷に突入していた。しかも、その乱氷の合間に幅二〜三ｍの真新しい小リードが頻発している。視界の悪さでリードの目の前まで来ないと、存在に気づくことができない。ぼんやりしていると危うく落水してしまう。この新しいリードは、昨夜からの風で海氷の動きが激しくなって割れたのだろう。重いソリをなんとか持ち上げて乱氷を越えると、その先に小リードが通せんぼをする。リードにはたくさんの海氷が浮かび、先がまたすぐにプレッシャーリッジとなっている。とても先に進めない。

「せっかく乱氷を越えたのに、なんだよ、クソ！　時間の無駄じゃないか！」と苛立ちを抱えながら、越えた乱氷をまた戻り、新しいルートを探す。

風が雪を巻き上げながら、海氷に動きを与える。小さなリードは二台のソリを横に並べてスキーで連結し、筏《いかだ》のようにすれば越えることができる。しかし、目の前で一度開いたリードが風で再び動き出し、今度は閉じながら氷同士がお互いを破壊しながら凄い音を立ててぶつかり合う。こんな激しく動いているリードにうっかりソリを浮かべでもしたら、ソリごと氷に潰されてしまう。

前進しようにも流される海氷に阻まれて思うように進めない。果たして進んでいるのか、戻されているのか分からないまま、とにかくスキーを進め、ソリを運搬していく。

出発から五時間歩いたところでGPSを確認してみると、今朝の出発地から北へは一kmしか進んでいなかった。

「マジかよ」

思わず声がこぼれた。なんてこった。おそらく、歩いている海氷全体がこの強風で流れ、戻されているのだろう。下りのエスカレーターを逆に登っていくように、歩いても何割かは戻されていると思われた。かなり頑張ったはずだが、完全なる徒労感。誰を恨む訳にもいかないが、ジッとしていたらただひたすらに流されるだけである。その場で足踏みする努力、といったところだろうか。ガックリ来るところだが、受け入れるしかない。

夕方になってようやく平らな海氷を捕まえることができ、少しだけ距離を延ばせたが、それでも今日一日で四・五㎞しか北進できなかった。

久しぶりの休養

寝袋の中で目覚めると、外を確認するまでもなく分かるテントを叩く暴風。この様子では歩くのは無理と、そのまま寝続けた。

「こんなに荒れる兆候はなかったけどなぁ」と独り言を呟《つぶや》きながら、ようやく休養日がつくれると少しだけ安堵《あんど》した。だが、予想外に急成長した低気圧によるブリザードである。一晩でこれほど急に天気が荒れると思っていなかったので、テントを雪面に固定する張り綱のテンションが甘いはずだった。甘いはずだが、外に出て固定作業をするのが面倒だ。

「こうなると分かっていれば昨晩のうちにしっかりやっておいたのに」

もぞもぞと温まった寝袋に包まりながら、後悔の思いを口にする。そのまま寝続けたい。いちいち防寒着を着込み、外に出るのが嫌だ。嫌だが、ここはしっかりとテントを固定しながら周囲の確認をすべきと判断せざるを得ない。ここで仲間がいれば「よし、いっちょジャンケンでどっちが出るか決めようぜ」なんて言えるのだが、その相手もいない。寝袋から出て完全防備を整え、テント入り口のジッパーを開けた。外は問答無用のブリザード。ソリの上部を覆う赤いカバーが風で激し

ホワイトアウトで視界が利かない

く煽《あお》られ、バタバタと小刻みに不快な音を立てている。外はぼんやりと真っ白な世界だ。牛乳の中を泳いでいるような、そんな感覚である。素早く身を外に移し、入り口のジッパーを閉める。分厚いダウンジャケットに強風を受けると、体を強く押されるような圧力を感じ、風に対して横向きに踏ん張りながら、テントのすぐ脇に突き立ててあるスコップを手に取った。テントの風下側には吹き流れてきた雪が溜まり、その雪が固形化しながらテントを押し潰しにかかっている。スコップで風下の雪を掻き取り、テントの態勢を整えると、自立するテントを雪面に貼りつかせるように固定するため、全方位の張り綱を雪面にしっかりと打ち込んだ。

ふと自分の周囲に目を配ると、そこは真っ白な北極海。黄色いテントの横に立つ自分の姿は、ポツンと小さな点を打ったような存在だ。

「あぁ、簡単に死ねるな」

そう思うが、どこか他人事に感じる。私はこの当時の風景を思い返す時に、その景色の中に自分がいる。視点が自分の目から見ているものではなく、自分自身の斜め後ろから自分も登場人物としてそこにいる景色を俯瞰《ふかん》している気がするのだ。その感覚に初めて陥ったのは、二〇〇七年に二つのイヌイットの村を繋いで一〇〇〇㎞の無人地帯踏破を目指し、中間地点五〇〇㎞まで歩いたところでテント内で出火、大火傷《おおやけど》を負い、テントも燃えて救助された時だ。救助要請し、飛行機を待つ自分自身が登場人物の一人としてそこにいるように思い返される。簡単なミスで招いた事故だったが、状況としてはあの時が最も危険性が高まった瞬間だった。救助の連絡をしている姿、燃えてしまった装備と使える装備を分けている自分、燃えた匂いを嗅ぎつけて目の前までやってきたホッキョクグマと対峙《たいじ》している自分、全てが別の場所から自分自身を見ている。いくつもの幸運が重なり、救助の飛行機が着氷して機内に乗ったところから、思い返される視点は自分の目線になる。状況が追い込まれていくほど視点が分かれ、安全な状態に近付くほど一つになっていくように思えるのだ。

張り綱の固定が終わると、テントの周囲と海氷の様子に異常がないかを確認し、体についた雪を払い落としてテント内に戻った。風は西北西、気温は氷点下二〇度とかなり高く、風に生温かさを感じ強風でも寒くない。

「さーて、今日は休憩だ」と、進めないのは仕方ないと片付け、休むことができる喜びがあった。防寒着を脱いでテントの端に放り出し、再び寝袋に入った。一六日目にして初めての休養日となった。休めるのは嬉しいが、全体の遅れによって食料に余裕がなくなってきたために、停滞日の食料消費に罪悪感がある。もちろん、休養日に通常の一日分を食べる気は元からないが、この先の明らかな時間的厳しさを考えると、とても手がつけられない。とはいえ、空腹感から、目の前にある食料袋を開きたくなる欲求が激しくある。「ちょっとくらいは」という思いに駆られ、ついつい行動食の袋を開けてナッツやチョコレートバーをつまみ食いしてしまう。いや、駄目だ駄目だ、そう自制心を働かせ、空腹感を忘れつつ体を休ませるために寝袋に身を沈めてひたすら寝ることにした。

久しぶりにたっぷりと休養を取った。体が相当疲労しているのだろう、目覚めて時計を見るともう夜だった。この二四時間で二二時間くらい寝ていることになる。まるで野生動物だ。やることがなければ、無駄な体力を使わないように寝るだけだ。

ブリザードは一向に収まる気配はなく、暴風が変わらず吹き続けている。GPSの電源を入れ現在位置を確認すると、昨夜の位置からこの二四時間で、東へ四・三km、南へ一・八km戻されていた。悲しい。

その翌日もブリザードは収まらず、丸二日間の停滞となった。体を休められたのはよかった。この二日間で食料にはほとんど手をつけなかった。空腹感はあったが、ずっと寝続けていたために、その空腹も途中からあまり苦痛にはならなかった。

夜になって風がようやく落ち着いてきたようだ。休養明けの明日からまた前進できるだろう。

北極の声

ブリザードが収まると、気温が氷点下二〇度台と高くなった。空気が入れ替わったのだろうか。

季節は着実に進み、最も寒い時期は越えている。暖かくなるのは気分的にも体にも楽でいいのだが、リードの表面が凍りにくくなるのが難点でもある。

出発二一日目。朝から強風がテントを叩く。外を確認すると、確かに強風だが歩けないほどではない。

いつも通り出発支度を進めるが、テントを打つ風の勢いがグングン増しているのを感じた。風向きは、昨夜までの北東から今朝は西へと変わっている。空には雲の切れ間もいくらかあるが、あまりにも風が強すぎる。視界が利かなければ、この風で海氷が動き発生する新しいリードが危ない。天候回復を待つために寝袋に潜り込み、寝ることにする。

時々目が覚め、外の様子に聞き耳を立てるが、好転する気配は感じられず、結局この日も停滞となってしまった。

北緯八四度まであと二一kmほどである。まさかここまでに二一日を費やすことになるとは思わなかった。

夜の日本との交信によると、衛星写真にくっきりと写る巨大なリードが、北極海にいくつか発生しているという。

北極海の海流や海氷の性質上、カナダ北岸部やグリーンランド北端というのは、北極海全体を見渡して最も回遊する海氷が集められる場所であり、それは即ち海氷が厚く安定しているということだ。しかし近年、その厚く安定しているはずの海氷に、夏が訪れる遥か前のこの時期、巨大なリードが頻発するようになっている。幅が数km以上、長さは数百kmに及ぶようなリードがいくつも発生すると、海氷の流動性が促進されることになり、一つのリードが別のリードを生み出す要因となる。海氷は、一様に氷が密集していることでお互いの動きが制限されるのだが、一部に海氷の空白域ができると、その部分を遊びとして氷全体が動き出す。例えるならば、通勤時間帯の満員電車で、ビッシリと人が詰め込まれていれば、つり革に掴《つか》まっていなくても人と人の密集によって体は安定する。しかし、その満員電車の一部に人のいない空白域ができてしまうと、ブレーキや加速で外部の力が加わった時に、その空白域めがけて人の群れが動き出すようなものだ。

衛星写真によると、出発した島沿いに巨大リードが発生しているらしい。それは、もし仮に私が自力で出発地点に戻ろうと試みても、その手前に横たわる巨大リードに遮られ、自力で戻ることは不可能になったということである。

ロバート・ピアリーが北極点到達を行なった際には、三月一日にコロンビア岬を北極点に向けてスタートしている。彼らは四月七日に北極点に到達し、往路に設営したデポ（食料貯蔵所）を繋いで四月二三日にコロンビア岬へと戻ってきている。もしピアリーが二〇一四年に北極点に挑戦していたら、巨大なリードに遮られてコロンビア岬には戻れなかっただろう。

ピアリーの例は一〇〇年以上前の出来事だが、この北極海の激しい変化は直近一〇年程度の間に著しくなってきた。私を最初に北極へと導いてくれた大場満郎さんは、一九九七年にロシア北端から北極点を経由してカナダまでの北極海単独横断を行なった。その時、大場さんがカナダにゴールしたのが六月二二日である。また、二〇〇〇年にもノルウェー人の二人組が無補給での北極海横断を行なった際には、五月下旬にカナダ側にゴールしている。夏が近付き海氷が緩み始めているとはいえ、氷上を歩いて陸地まで達することができている。これらの例は、ほんの一五年ほど前の出来事である。

三月下旬という、これまでであれば海氷が最も安定していた時期に次々と海氷が割れ始めたことで、北極海全体の動きがさらに激しくなっていくことを予感していた。

昨日の停滞から一夜明けたものの、朝のうちは相変わらずの暴風が吹き荒れていた。よく、登山の世界では山で吹く風には「風の呼吸」があると言われる。呼吸をするように、強く吹くこともあればその後に落ち着いたりと、風にはリズムがあると言われる。しかし、極地でブリザードが吹き出すと、そこにリズムはなく、ただ一定の強さで何日でも延々と吹き続けるのが特徴だ。

換気口からテントの外を覗き見ると、視界も全く利かないブリザード。「今日も停滞か」と、がっくりしながら再び寝袋に入る。

昼頃に目が覚め、頭まで目深にかぶった寝袋から目だけ出すと、テントの薄い生地越しに太陽光の明るさを感じた。

「あれ？　晴れてきたのか？」

そう言えば、風の具合も幾分か弱くなっているような気がする。テントの外を確認すると、空には雲の切れ間から青空が覗いていた。水平視界も出てきているので、急いで出発支度を整えソリに物資を積み込んだ。

午後からの出発となった。風は弱くなったとはいえ、まだ西から強く吹き続けている。太陽の位置が確認できているので進行方向は明確だ。風もほぼ真横からなので、西からの風に対して直角に進んでいけばいい。また、風によって大きく成長した風紋や、定常的に吹く卓越風によって、隆起した海氷の風下側にできる雪のスロープの角度も進行方向を知る大きな手助けとなる。北極点に向かうには、ただひたすら「北」を目指せばいい。できるだけ東西の動きは控え、真北を目指す。東西の動きは、コンパスでぐるりと円を描くように円周上を移動しているに過ぎない。円の中心である北極点に向かって、円の半径を縮めていくのだ。

北極海には明確な目標物はない。北がどちらか？　方角を知るにも、何かしらの道具が必要になる。確かに今の時代、小型化されたＧＰＳ機器によって自分自身がいる緯度経度を素早く正確に知ることはできる。だからと言って、歩いている間にずっとＧＰＳを見ていなければナビゲーションができないようでは、電池がいくらあっても足りないし、機械を使うのはやたらと時間がかかるので進行速度が遅くなる。

行動中のナビゲーションで使用するのは、太陽の位置と時間、風向き、風紋の方向、それらが三大要素である。北極海では方位磁針は使えないことはないが、北磁極が近すぎるために精度も悪く、針が安定するのに時間がかかり、少し動いただけで真北と磁北の角度の偏差が変化していくので、あまり使わない。

経験のない人にとっては、一見すると目標物の存在しない北極海かもしれないが、それなりの経験を積み、存在している情報の意味を読み取る力をつければ、誰にでも北極の声は聞こえる。太陽も雪も風も、全てが私に「北」への進路を知らせてくれているのだ。

情熱と冷静の狭間

久しぶりの快晴の日。

風も弱く、歩くのには絶好の天候である。こんな日は、朝から気分がいい。島沿いの大乱氷帯から離れ、氷盤の規模も大きくなってペースを上げて進むことができる。

出発からここまで、乱氷で手間取った以外はトラブルは一切ない。装備もジャケットのジッパーを破損させたがその修正も済み、他の装備類に不具合は何もない。体も慢性的な空腹感はあるが、至って元気である。

今日はこれまでで最長の一六・七kmを進むことができた。距離を延ばせたことは嬉しいし、これから先への希望が持てるのだが、やはり最大の心配事は、ここまでの乱氷が予想以上に激しかったことによる時間的な遅れだ。

ようやく昨日、二二日目にして北緯八四度に突入した。遠征前は一二日での八四度通過を想定していたことを考えると、このままのペースで同じ食料計画では予定していた五〇日で北極点に着くのは難しいだろう。

無補給での冒険行で与えられた時間とは、スタートで用意した食料の量に比例する。最初に持ったものだけで、自己完結できる物資を使用しながら前進していくのだ。これが無補給と物資補給を受けながら進むスタイルの違いである。ただ単純に「無補給だと荷物が重くなる」という点に難しさがあるのではなく、無補給では途中での時間の調整ができないという点に困難があるのだ。もしこれが、物資補給を受ける前提での遠征であれば、次の補給で食料を多めに持ってきてもらえばいくらでも時間の調整はできる。しかし、無補給ではそれができない。安全を考えて多く食料を持てばソリが重くなり進行がさらに遅くなる。軽量化に走りすぎれば不足する可能性が高まる。どのラインに妥協点を求めるか、という読みが必要だ。一九八六年に最初に北極点まで一人で歩いたジャン＝ルイ・エチエンヌは、五回も物資補給を受けている。いいなぁ、五回か、とつくづく羨ましくなってしまう。大名旅行じゃないか、と思ってしまうが、当時としては一人で北極点まで歩いていくなんていうことが大冒険だった訳だから、発想の前提が違う。でも、今の自分だったら北極点まで一回の物資補給があれば楽勝だろう。それが無補給となった途端に難易度が遥かに変わってくる。それが難しく、面白い。

北緯八四度までの進行を終えたところで、事前の判断が甘かったことを痛感し、ゴールまでの日数の不足を認めざるを得なかった。いよいよここからは食料制限をかけ、五〇日以上の行動時間を捻出《ねんしゅつ》する必要に迫られた。

これまでブリザードにより三日の停滞日があったが、その中では一日分の食料しか消費していないため、今日(二三日目)は食料計画上、二一日目である。つまり、あと二九日分の食料が残されているのだが、その二九日をさらに延ばすためにも、これからは日々の食料消費を八割にとどめ、二割を残していくことにする。それを積み重ねていくと、二九日分の二割で約六日分の食料が捻出できることになる。二九日に六日を足して、三五日の行動ができる計算となるのだ。

北緯八四度を過ぎてからは、乱氷が少なくなり始め、安定して距離を延ばせることが期待できる。スタートの北緯八三度から八四度通過までの事前の想定が一二日目で、実際には二二日目。改めて六日の時間をつくり出せたとしたら、この二二日から六日を引いて一六日と考えることもできる。さらに、停滞三日で一日分の食料しか消費していないので、食料計画上は二日分はカウントしなくても構わない。一六日から二日引いて、一四日。つまり、想定一二日で現実が一四日だと考えれば、遅れはたったの二日でしかない。二日の遅れであれば、今後の進行次第ではいくらでも取り返すことができるのだ。

という計算が机上の皮算用であることは、冷静になって考えれば誰にでも分かることである。かなりのこじつけと、所詮は都合のいい数字上の数合わせである。しかし、この「冷静になって考える」ということが、軽々と口に出すことができても実行するのが果てしなく難しい。北極海の上で一人、自分に残された物資と時間を最大限使って、どうやって北極点まで行くかだけを考えていると、思考回路は「どうやって行くか？」に終始する。それだけを毎日繰り返していると、やがて「果たして現状で北極点まで行けるのか？」という、いわゆる冷静で客観的な判断をする以前にその思考にすらならないのだ。「行けるかどうか？」ではなく「どうやって行くか？」だけを考え始める。ブレーキの存在すら忘れ、ただひたすらにアクセルだけを踏み続ける暴走車のようだ。

北極点を無補給単独で目指すなどという行為は、準備段階から実行までを含めて、相当の熱量を心に宿して取り組まなければ実行できない。多額の資金を集め、多くの人を巻き込み、そしてこの場にいる。恐怖で足がすくみ、涙を流して恐怖心を自動的にシャットダウンすることでなんとか精神的なバランスを取っているような、人間が本来立ち入る場所ではない北極海を一人で歩くには、身を焦がすくらいの情熱を持って臨む必要がある。しかし、その情熱たる「感情」が、客観的に冷静に判断しようとする自分の足を引っ張るのだ。人は感情に流されると冷静さを見失うものであるが、そのような状態が、もっと心の奥深くの根深いところで発生していく。

この時、まだ自分の中では「どうやったら行けるのか？」という思考に対して疑問はなく、まだまだ行けると信じていた。事実、まだ北極点まで行ける可能性は大いに残っているのだ。

冒険家・河野兵市の死

この数日好天が続いている。

今朝の出発後、やや氷が荒れていたが、広く平らな氷盤をうまく繋ぎながら多少の迂回《うかい》を繰り返して北へと向かう。

昼が過ぎた頃、背後から差し込む太陽光が北の海氷を明るく照らした。どうにも先の氷の具合がいつもと違って、ややグレーがかった色味をしている。進んでいくにしたがって、前方から氷が軋《きし》む音が聞こえてきた。なんだか凄い音がしているなぁ、そんなことを考えながら様子を観察する。

ソリを進めていくと、そこには幅の広いリフローズンリードがあった。対岸は見えない。リフローズンリードの近くまで来ると、自分が今歩いてきた厚い海氷から、階段を一段降りるように段差ができ、積雪のほとんどない、凍って間もない平らな氷の表面にフロストフラワーがふわふわと咲いている。見たところ、氷の厚さは歩けるほどにはありそうだ。

数日前までは幅の広いリードだったようで、対岸の厚い海氷は見えていない。リフローズンリードに降りると、氷が動き軋む音がより大きく聞こえてきた。北を向くと、左前方でドドドォ……と重低音が響いている。まだ凍りきっていない場所で海氷が激しく動いてぶつかり合っているのだろう。まるでビルの解体現場か何かのように轟音《ごうおん》が聞こえる。そちらの方向から霧状のモヤがうっすら立ち上っているのも見えるので、水面から水蒸気が上がっているようだ。背後からの太陽光が北にたなびくモヤに乱反射して、うっすらと白い虹のようなものをつくり出している。

音のする方向へは近付かずに、進路をやや右へと切りながら進む。

対岸が見えてきた。リードの幅は一㎞はあっただろうか。凍っているからこの一㎞は楽をさせてもらえたが、もしまだ凍る以前のリードだったらエラいことである。

凍って間もないリフローズンリードを歩く時、私はいつもある人物のことを思い出す。それは、二〇〇一年に北極海で亡くなった冒険家、河野兵市さんである。

河野兵市さんは、愛媛県出身の冒険家だった。「焦げつく青春」をキャッチフレーズに、まさに自分の身を焦げつかせるような情熱で世界中を旅し、一九九七年に日本人として初めてとなる北極点単独徒歩到達を行なった。北極点の後、新たな冒険のテーマとして掲げたのが「リーチングホーム」という計画だった。

リーチングホームは、北極点を単独徒歩でスタートし、カナダに上陸後はアラスカ、ベーリング海峡、ロシアを経由して愛媛県の自らの故郷まで、大海を旅した鮭《さけ》が故郷の川を遡上《そじょう》していくように里帰りする、そんな人力での旅である。

準備期間を経て、二〇〇一年に始まったリーチングホームは、数年がかりで故郷へと達する大きな計画だった。しかし、北極点を出発した河野さんは、カナダ上陸八四km手前の北極海上にて、遺体で発見されるという最悪の結果となった。その事故現場こそ、リフローズンリードを進む際に起きた事故ではないかと考えられるのだ。

二〇〇一年、前年に初めての北極行を経験した私はこの年、一人でカナダ北極圏のレゾリュート村を訪れていた。レゾリュートは先住民イヌイットが住む人口二〇〇人ほどの小集落であるが、極地探検の拠点の村として数多くの挑戦者を迎える、まさに「聖地」とも呼べる場所である。

レゾリュートには古くから冒険家たちが集う宿が一軒あり、私はそこでリーチングホームのスタートを控えた河野さんと偶然出会い、約三週間の準備を間近に見ることになった。

当時の私は二三歳、河野さんは四二歳。私はアルバイトでつくったお金を持って、一人でやってきている一方、河野さんはスタッフが数名同行し、地元愛媛から新聞記者やテレビカメラマンまでレゾリュート入りする力の入れようだった。四年前に日本人初の北極点単独徒歩到達を成し遂げた河野さんは、まさに地元愛媛が生んだヒーローであり、リーチングホームには多くの人たちの応援と期待が寄せられた一大プロジェクトだったのだ。

私は前年に大場さんに連れられて初めての北極行を経験し、この年が初の一人旅だった。まだ経験も浅くヒヨッコ同然の私は、長期の徒歩冒険行を行なうつもりでレゾリュートに来ていたものの、全くの力不足を痛感し、さっさと歩くことは諦めて、翌年にまた北極へ帰ってくるための勉強をするつもりでいた。

そんな若い私を、河野さんはじめ遠征隊の方々は仲間のように迎え入れてくれ、途中から私はまるで河野遠征隊の一員のようにくっついて歩いていた。私にとって、前年の大場さんに続いて河野さんの準備を間近に見られたことは、その後の経験として大きな財産になっている。

二〇〇一年三月二六日。準備を終えた河野さんがリーチングホームのスタートを切るべく、レゾリュートの村からチャーター機で北極点へと飛び立った。北極点に飛行機が降りることができるのは、半年間の極夜が明けて太陽が姿を現す春分の日以降となる。私はレゾリュートの宿で出発を控えた河野さんと握手を交わして見送った。それが、私が最後に見た河野さんの姿となった。

河野さんの北極点出発を見送った五日後、私はレゾリュートに滞在していた愛媛新聞の記者T氏、南海放送カメラマンと共に日本への帰国の途についた。レゾリュートからの乗り換えのため宿泊していたイエローナイフのホテルで、T氏の元へレゾリュートの遠征隊スタッフから連絡が入った。それは「河野さんが両手に凍傷を負ったため、チャーター機によりピックアップされた」というものだった。突然の知らせに我々は驚いた。河野さんはすでにレゾリュートに引き揚げており、村の診療所で凍傷の手当てを受けたという。

我々はそのまま日本へ帰国し、河野さんの続報を待っていた。その後の経過は遠征隊のウェブサイトを通じて報告されており、どうやら河野さんはもう一度ピックアップされた地点に戻り、再スタートを切るということだった。

二〇〇一年四月二〇日。三週間弱の凍傷の治療を行ないながら態勢を整え直した河野さんは、二度目の出発のため、レゾリュートからチャーター機によりピックアップされた北極海上の地点に戻る。

その後、河野さんは順調に南下を続け、途中二度の物資補給がチャーター機により実施された。遠征隊スタッフは飛行機で北極海上の河野さんの元へ向かい、物資を渡しながら会話を交わしている。

二度目の物資補給が行なわれたわずか二日後、河野さんが持つアルゴス発信機からのメッセージは「リードが渡れない」というものだった。アルゴスとは、位置情報と一つの数字情報だけを一方的に発信する通信機で、その数字を符号としてベースキャンプ側に状況を伝える装置だ。再スタート後に衛星電話を持参した河野さんとの電話による通話は二日に一度、その間はアルゴス発信機で河野さんから状況を伝えることになっていた。

その翌日、一日置きに行なう予定になっている衛星電話での定時連絡の時間、レゾリュートの遠征隊スタッフの元へ河野さんからの連絡は来なかった。アルゴス信号の発信も確認されない。

翌日も依然として連絡が来ないことで、スタッフは緊急事態と判断し、河野さんの元へと捜索の飛行機を飛ばした。最後に連絡のあった地点から進行方向に捜索を進めると、海氷上に河野さんのソリと片方のスキーだけが残されており、河野さん自身の姿はどこにもなかった。陸地まで、残り八四kmの場所だった。周囲の海氷状態が悪く、捜索の飛行機が着氷できなかったため、上空から空撮された現場写真だけが状況を把握する唯一の手段となった。

二〇〇一年五月二〇日。日本に帰り一ヶ月半が経過し、私は来年またレゾリュートに戻るために資金稼ぎのアルバイトを再開していた。そんな時、私の携帯電話に愛媛新聞のT氏から着信があった。

「実は、河野さんが行方不明らしいんだ」

その報告に、私は「えっ」と発したのみで、二の句が継げなかった。

翌日、新聞やテレビでは「日本人冒険家が行方不明」「冒険家河野さん遭難か」という見出しで大きく報道され、世間の人たちにも知るところとなった。

三日後。河野さんの遺体が発見されたという報道があった。態勢を改めて事故現場へとフライトした捜索隊は、現場から一kmの氷上へと着氷し、ソリの捜索を行なうと、残されたソリから牽引《けんいん》するロープが氷の下に伸びており、ロープの先の水中から河野さんの遺体は発見された。

なぜこの事故が起きたのか？　今となっては残された現場の状況から、おおよその事故原因を推測するしかない。話は事故が起きたと思われる五月一七日の四日前に遡る。

レゾリュートの河野隊ベースキャンプにサポートメンバーとして入っていたピーター・ロビンソンの元に、レゾリュートから北磁極（地磁気の集まる地点）まで徒歩で目指していたフランス人冒険家から一つの報告がもたらされた。それは、北磁極周辺の海氷が一分に二mほどの速度で西へとずれ動いた、というものだった。北磁極と河野さんの事故現場とは、七〇〇kmほど離れているが、北極海の海氷を熟知した人物であれば、その意味が瞬時に分かる。その当時の北磁極は、カナダ島嶼部の北岸にあたるエルフリグネス島の北に位置していた。この前年、私は初めての北極行でレゾリュートから北磁極までを歩いている。冬の間は海氷が安定し大きな動きはない地域なのだが、春を迎えて海氷が緩み出すと、ボーフォート循環流というアラスカ沖からカナダ北岸にかけて時計回りに動く大きな海流にしたがって海氷が動き出す。島嶼部と北極海の境界にある北磁極周辺の海氷が西へと急激に動いたというのは、海氷にかかっていた時計回り（西寄り）の圧力がある臨界点を超え、止まっていた歯車が動き出すように海氷が流れ出したことを意味している。北磁極周辺の海氷を北東方向に辿っていくと、北極点からカナダ最北端を目指す河野さんの踏破ルートと繋がる。つまり、北磁極の海氷の動きは、連鎖的に河野さんがいる周辺の海氷も激しく動き出すであろうことが予測された。海氷が激しく動くと、ゴムの紐《ひも》が伸び縮みするようにリバウンドする力が働き、激しい動きの後に少し遅れて反対方向へ海氷が動き出す傾向がある。河野さんが発見された現場は、北緯八三度四九分、西経七四度四九分。この位置は陸地まで八〇㎞ほど。海流は東西よりも、南北方向に近い動きをする。南北の氷の動きは、東西方向のリードを誘発する。最初に南にずれ動いた海氷は、少し遅れてリバウンドで北向きの動きをし、それが繰り返されることで河野さんの進路には東西方向のリードが頻発した。それが、事故前日のアルゴス発信機による「リードが渡れない」の意味だと思われる。そして、河野さんが発見された北緯八四度に近い海域というのは、海底の大陸棚が北極海盆に向かって切れ落ちていく境となり、海底地形の影響を受けて大きなリードが特に発生しやすい場所でもある。かつて、ピアリーも一九〇六年に二度目の北極点遠征で、帰路に大開水路に阻まれ帰還が困難となったが、それが北緯八四度のリードである。

フランス人冒険家からの情報を受けて、ベースキャンプのピーターは五月一四日の二度目の物資補給の際に、河野さんに対してその事実を伝え、海氷の激しい動きが予測されるので、キャンプは必ず古く安定した海氷上で行なうことなどを伝えている。そしてその二日後、五月一六日の河野さんからのアルゴス発信機のメッセージ「リードが渡れない」というものを最後に、その翌日の連絡は来なかった。

河野さんは、ソリとハーネスが繋がれた状態で水面下から発見された。ソリを引くロープは、通常であれば三mほどの長さであるが、細い二〇mの長さのものに替えられていた。これが意味するところは、河野さんは行動中であり、薄い海氷上を歩いていたということだ。ソリと自分自身の距離を長く取るのは、薄い海氷上で体重を分散させ、氷が割れるのを防ぐ手段だ。ソリから一五mほど離れた場所に、片方のスキーだけが氷上に残されていたことから、ロープを伸ばしてソリを引いている最中だったことが窺《うかが》い知れる。私の手元には、河野さんの遺体を回収したベースキャンプのピーターが撮影した、事故現場の写真がある。事故から二日後に捜索機から撮影した俯瞰のものと、六日後に現場に降り立ちソリと遺体を回収した時の、氷上で撮影したものだ。現場を見ると、ソリがリフローズンリードの途中に残されていることが分かる。

この事故が発生した直後、冒険に理解が多少ある人たちの意見として「急激な海氷の動きに巻き込まれ、逃げる暇もなく落水した」というものがあった。確かに、事故四日前のフランス人冒険家からの報告などから想像すると、それは説得力がありそうに思える。しかし、私の見え方は少し違う。確かに事故が発生した時、海氷の動きは激しかった。しかし、その激しい海氷の動きと、河野さんが落水したことには、直接的な因果関係はなかったのではないだろうか。もしも、歩いている足元に急激な海氷の動きが発生し、すぐにでも逃げ出さなければならない状況となった時は、ソリと自分を繋ぐロープを長く伸ばすことはない。ソリと自分の距離が長くなれば、ソリの取り回しは極めて悪くなり、逃げることが難しくなる。一分一秒でも早くその場を立ち去らなければならない状況であれば、ソリを繋ぐロープの長さは通常の短い状態だったはずだ。ロープが長くなっていたということは、そこに緊急性は感じられない。確かにリードが多く発生し、困難な状況ではあったが、あくまでもリフローズンリードを通常の手順で渡ろうとした途中の事故だろう。海氷の厚さを見誤ったのではないか。では、なぜ海氷の厚みを見誤ったのか、が問題だ。春を迎え、リードが頻発する状況で視線の先には目指す陸地が見えていると、一刻も早くあそこに辿り着きたいという心理が働くだろう。それらが焦りを生んだのか、リードを渡ることができる場所を探して右往左往したが見つからず、一か八かの賭けに出たのか、それとも安全だと思って判断を見誤ったのか、その心理的な切迫感を知る術《すべ》はない。北極点出発直後に凍傷でピックアップされ、レゾリュートで三週間ほどの治療期間を要したことによって時期が遅れ、リードが頻発する時期に突入してしまった。そこに焦りが生まれたことは間違いないだろう。ただ、それ以上に私が気になるのは、河野さんの頭の中には「遠征をやめる」という選択肢が存在していたのだろうか、という点だ。河野さん自身は、本当に心からこの計画をやりたい、と強く思っていたのか。それとも、始めた手前、やめるにやめられなくなってはいなかっただろうか。リーチングホームの計画には多くの支援が集まり、かつては河野兵市個人の冒険旅行で世界を旅していた時から比較すれば、関わる人と金が圧倒的に増えた。そこに対する義理、義務、責任、そんな感情が計画を遂行するうえでの判断を狂わせていたのではないだろうか。河野さんは非常に義理堅く、人情味に溢れる人だった。ただ、義理人情とは人間社会の理屈であり、それを自然の中での行動に持ち込むことは危うさを伴う。もちろん、義理や人情で冒険をしていた訳ではないだろうが、多額の費用も必要なリーチングホームには、手弁当で協力をしてくれる有志の仲間がたくさんいた。そんな人たちの応援や支援があって、ようやく長い旅の端緒に着いたばかりの北極海でリタイヤするというのが、それは心情的に厳しいのは当然だ。

私は偶然にも河野さんと同じ便でレゾリュート入りし、同じ宿でスタート前の三週間を過ごした。レゾリュート入りして最初の一週間ほどは、同じ宿にいてもほとんど河野さんの姿を見なかった。食事の時間になると食堂に顔を出し、食べると部屋に戻る。ほとんど寝ていたようだ。今から思うとその違和感が理解できる。レゾリュートに到着して、耐寒訓練や装備の調整などのやるべき準備がたくさんある中でひたすら休んでいるというのは、日本での準備に追われてこれから始まる戦いの直前にして疲労困憊だったということではないのか。今、自分自身も北極での遠征を行なってきた身としては、あの時の三週間の河野さんの姿を思い返すと、これから長い戦いに臨む気力を感じられないのだ。

北極点から出発後、凍傷でレゾリュートに引き揚げてきた河野さんに対して、今回は一旦やめたほうがいいと忠告した支援者もいた。出発直後に続行不能となるほどの凍傷を両手両足の指に負ったということは、厳しい冒険に出発するための体や装備の準備が整っていなかったように私には思える。しかし、それでも河野さんは再び進むことを選んだ。そしてリフローズンリードを踏み抜き落水し、這い上がることができないままに冷たい海水に体力を奪われ、やがて低体温症で力尽きたと思われる。ソリの中には水が溜まり、這い上がろうとした跡があったため、水に落ちた後にソリまでなんとか泳いできたが、這い上がれなかったのだろう。冒険とは自らの主体性によって行なうものである。忠告はあくまでも他人の意見として、自分の行動を決める上での参考にすることはあっても、従うべきだとは言えない。ただ、やはり悔やまれる点が多々あるのだ。

そして、大事な事実がもう一つある。それは、実は河野さんが事故にあった際、そのすぐ近くを別の冒険家が単独で通過しているという事実だ。一九九四年に北極点無補給単独徒歩を成功させたノルウェーのボルゲ・オウスラントが、ロシアから北極点経由でカナダへの北極海単独横断をこの年に実行したのだ。オウスラントは、三月三日にロシアから出発すると四月二三日に北極点に到達し、河野さんが目指したゴール地点でもあるカナダ北部のワードハント島に五月二三日に着いた。河野さんの事故は五月一七日。北極点からカナダ上陸まで、河野さんとオウスラントは、同時期に、同ルートを同じ条件で歩いている。当然、オウスラントにも春を迎え、多発するリードが大きな障害となった。しかし、ここで二人の冒険家の間には一つの大きな差があったのだ。それは、オウスラントには河野さんが持っていない一つの装備の用意があった。それが、ドライスーツである。

ドライスーツとは、ポリウレタン製の防水スーツだ。行動中の衣類の上から、袋状の繋ぎになったオレンジ色のドライスーツを足から着ていき、両手を通すと頭まですっぽりと被って顔だけ出ている状態になる。首元の絞りを閉めれば、そのまま水に入っても、水を通さない素材であるため体は濡れず、着る時にスーツ内に溜まった空気が浮力となって、ラッコみたいな感じで自然と水に浮かぶことができる。この状態でリードを泳いで対岸に渡り、ソリは渡った後に水に浮かべた状態から ロープで引っ張って手繰り寄せたり、リードの幅が広い時にはソリも手繰り寄せながら泳ぐ。

ボルゲ・オウスラントは、この北極海横断で初めて北極海の冒険にドライスーツを持ち込み、それまで迂回するかボートを浮かべるしか回避方法のなかったリードの新しい通過方法を世に知らせた。この北極海横断では、オウスラントは幅一五〇mのリードも泳いで越えている。北極における「無補給」「単独」という手法の先駆者でもあるオウスラントは、時間と物資を節約するために新しい手法を極地冒険にもたらしたのだ。

河野さんにはリードを通過するための手段はなかった。薄いリフローズンリードであっても、前進することを選べば薄氷が割れないことを祈って賭けに出る以外になかった。そして、その賭けが外れてしまったということであり、またそんな危険な賭けに出ざるを得ない心理状況に陥っていたのではないだろうかと私は想像する。

フォールディングカヤックに込めた期待

北極海での冒険において、リードの問題は一〇〇年以上前の探検家たちの時代から等しく存在していた。近年、北極海氷の減少に伴ってその影響は確実に増大していると言える。今回、私はリード対策としてドライスーツとフォールディングカヤックを用意していた。

近年の北極海にあって、もはやドライスーツは必須の道具の一つともなっている。頻発するリードを迂回するよりも、直進して余計な時間を費やさないためだ。

私がリード対策で用意したもう一つの装備が、フォールディングカヤックだ。フォールディング、つまり折りたたみ式のボートである。骨組みとなるフレームに、船体布を被せることで防水性と安定性を確保する。

二〇一二年、私の最初の北極点挑戦の時、進行方向に幅が一〇km以上にまで発達した巨大リードが発生したことで、氷上の進行が著しく困難となっていた。近年、そのような超巨大リードが頻発することもあり、ドライスーツだけでは対応しきれない状況も起こり得た。そこで私が試してみようと準備してきたのがフォールディングカヤックだ。

私の知る限り、北極点を目指す冒険でフォールディングカヤックを試した人はいない。ゴムボートを使用したり、ソリの代わりに折りたたみ式でないＦＲＰ（繊維強化プラスチック）のカヤックに荷を積んで引いて歩いた人もいる。しかし、カヤックをソリ代わりにすると、リードは越えられるがカヤック自体の大きさが邪魔になって乱氷での進行はより遅くなるし、そもそも荷を積んで引っ張る構造になっていないため、カヤック自体が破損する可能性も高いのだ。

前回の北極点挑戦の時、私はリード対策としてゴムボートを用意していた。ゴムボートは軽く、携帯性には優れているが、やはり素材の問題として寒冷地では硬化してしまい、破損のリスクが高まる。もし、幅の広いリードをゴムボートで渡っている時に、尖《とが》った海氷に船体が傷つけられて、空気が抜けようものなら沈没してしまう。また、ソリの中に収納して携行する時にも、長時間の揺れや他の装備との干渉の中で硬化した船体が割れたり裂けたりする可能性もある。

小さなリードであればゴムボートでも安心して渡れるが、それならドライスーツでも構わない。やはり、最大の懸念である巨大なリードに遭遇した時に、安全に通過できる対策が必要だと考えていた。フォールディングカヤックをたたんだ状態でソリに搭載しておき、巨大なリードに出合ったらカヤックを組み立て、ソリは水に浮かべた状態でカヤックで牽引《けんいん》し水面を漕いでいけばいい。

フォールディングカヤックは、ゴムボートよりも丈夫で破損の心配はないものの、それだけに重量がある。一般的な一人乗りのもので一五kgほどはあり、これは重すぎる。もう一つのデメリットが、組み立てに時間がかかるということである。ある海外メーカーの製品は、素手で組み立てを行なっても三〇分は必要だ。それを、極寒の中でグローブを着用したままで行なえるのか？　という問題がある。さらに、既製品のフォールディングカヤックは寒冷地で使うことを想定していないので、船体布が寒さで凍りつき、バリバリに固まってしまうことも問題だった。

だが、もしも「軽量」で「組み立てやすく」「凍りつかない」カヤックがあれば、北極海でも使えるのではないかと考え、いろいろなメーカーのカヤックを調べてみた。しかし、私の理想に見合うものは見つからなかった。ただ、調べている間に、とある小さなフォールディングカヤックのメーカーを知った。

兵庫県姫路市にある「バタフライカヤックス」は、カヤックビルダーの高嶋さんが一人で設計から製造、販売までを行なっている小さなカヤックメーカーだった。知人から、高嶋さんは面白いものをつくっている、と聞かされたことで興味を持ち、私は連絡を取って会いに行くことにした。

高嶋さんがつくるフォールディングカヤックを見た時、それまで私が調べてきたカヤックとは違う、圧倒的な組み立てやすさを実現した独創的なアイデアに驚いた。これなら、寒冷地でグローブを着用したままでも組み立てられるだろうと感じた。重量と船体布の問題に関しては、高嶋さんに北極海での使用方法を話し、あれこれ相談するうちに「北極海で使えるものを設計してつくってみましょう」ということになった。

なるべく軽くするために、サイズは通常より小さくしながら安定性を失わない設計とし、フレームも強度を確保しながらも最低限の本数で済むような工夫を施した。そして、船体布もいくつかの素材を検討し、寒冷地でも凍結しない素材で製作してくれたのだ。

完成したフォールディングカヤックは、重量が約一二kg。組み立てはグローブを着用していても一〇分以内で完了し、寒冷地でも凍結しない船体布だ。

決して軽いとは言えないが、私にとってカヤックの携行は一つの実験でもあった。北極海での冒険において、ドライスーツ以上のリード通過の手段はいまだに存在していない。今後、海氷減少がさらに進行していけば、巨大なリードが頻発していくことは容易に想像できる。かつては、誰も「泳いでリードを渡る」なんてことを考えもしなかったが、今はドライスーツが常識になっている。今後さらにリードが頻発し規模も大きくなれば、フォールディングカヤックが常識になる時代が来るかもしれない。すでに存在している手法を人から聞いて、真似るだけでは面白くない。試行錯誤と創意工夫で新しい手法をつくり出していくことも、冒険の重要な要素であり、面白さの一つでもあるのだ。

フォールディングカヤックは北極において全く新しい装備ではない。そもそもカヤックとは、北極圏に住むイヌイットの人々が生活の中からつくり出したボートである。かつては流木や動物の皮を組み合わせてつくっていたカヤックを、現代風に進化させたフォールディングカヤックで北極点を目指すというのは、新しさどころか北極を旅するためにあるべき姿に戻っただけだとも言える。

一八九五年にフラム号による北極海の漂流航海の途上、船から離れて北極点を目指したノルウェーのフリチョフ・ナンセンも、春を迎え氷上に発生した開水面に皮張りのカヤックを浮かべ、なんとか生還しているではないか。航空機を利用してどこにでも移動できる現代の極地冒険の手法ではひたすらに「氷上移動」への追求が行なわれてきた。氷の上をどれだけ効率的に進むか、そこに手法が特化している。ある一つの行動に特化させ、それを磨いてきたからこそ、外部からの物資補給を受けずに一人で北極点まで行くようなことが可能となった。ただそれは、夏が来る前に北極海から航空機で離脱することができるという手法が前提条件となったからだ。夏を迎え、氷が割れた開水面をどうやって越えて生還するか、ということを考える必要がない。しかし、一九世紀以前の探検家たちはその前提条件が違った。氷上を進みながら、夏を迎えれば波の立つ海も皮張りのボートで漕ぎ進まなければ、北極海から離脱して文明圏へと生還することはできなかった。ナンセンも、気球で北極点を目指したアンドレーも、また他の探検家たちも皆、皮張りのボートを北極海に持ち込んでいた。それが常識だったのだ。私にとって、フォールディングカヤックを試す意味は、かつての探検家たちが行なったように、人間の力だけで北極海に赴き、そして北極海から自力で生還するという一連の自己完結行為を、カヤックの存在を通して考えてみたかったのだ。自力で歩くと言いながら、離脱は航空機頼みの現代の手法から、やはりもう一歩進んだ（実は元に戻っているのだが）やり方を自分なりに模索してみたかった。道具とは、それまで人間ができなかったことをできるように、力を補完させるためのものだ。これだけ海氷の流動性が高い現在の北極海にあって、

カヤックを試す著者。写真はトレーニング中のひとコマ

たった一人で、自力で北極海に赴き、自力で帰ってくるという行為を、道具によって達成させることができたとしたら、それこそが本来あるべき道具の精神の結晶ではないだろうか。

そしてもう一つ、私が冒険の手法としてフォールディングカヤックに込めた期待があった。それは、リードを邪魔な障害物として通過するだけでなく、北極点に近付いた時に「リードを積極的に活用」できるかもしれないという期待だ。

カナダ側から北極点を目指す時、前半は海流の流れが沖から陸への南北方向のため、リードは東西方向に発生しやすい。北進する私にとっては障害物だ。しかし後半、北極点に接近するにしたがい海流の向きは東西方向に変化し、大きなリードは北極点に向かって南北方向に発生する傾向がある。これは、私が北極に通うようになって一〇年以上、継続して海氷の衛星写真を見続けてきた中で気づいたことだった。

南北方向に延びたリードにカヤックを浮かべ漕いでいくほうが、ソリを引いて氷上を歩くよりも速いのではないか？　という考えがあった。しかし、これにはまだ確証がない。誰も試していないからだ。速いのか否かは実践してみなければ分からない。もしかしたら、ただの邪魔な障害物としか見られていなかったリードを、高速道路に変えられるかもしれない。これが私がフォールディングカヤックに込めた期待だった。

分からない正解

二九日目。昨日は再びブリザードで停滞だった。

北緯八四度までの激しい乱氷に足止めされたことから食料計画に余裕がなく、停滞日に食料消費はできないため昨日は一日何も食べていない。何もせずただ寝ていると、とにかく腹が減る。動いているほうが空腹感は紛れるものだ。

前日の停滞で寝続けていたためか、いつもよりもかなり早い時間に目が覚めた。

寝袋の中でそのままの姿勢で考えていた。北緯八四度突破までの遅れをどうやって取り返すか。とにかくスピードアップが求められる。そのために、ソリを二台体制から一台に集約するべきである。そろそろ、海氷状態やソリの重量を考えても一台で問題なく進むことができるだろう。ただ、もし巨大な乱氷帯が現れたら越えられるだろうか。とはいえ、現状に最も求められるのはスピードだ。二台体制の三度手間から解放される必要がある。よし、小さいほうのソリを捨てよう、そう決めた。

ここまで一緒に歩いてきたソリは相棒のようなものだ。捨てるのは忍びないが、仕方ない。北極海にゴミを捨てることに気が引ける思いはないことはないが、この時の自分にとってそんな気持ちの余裕はなかった。

置いていくソリの上部カバーからジッパーを切り取り、荷物を固定するストラップなども切り取って持っていく。何かあった時の修理道具として使えるかもしれない。

キャンプをした場所に一台のソリを置き去りにしたまま出発。少し進んで振り返ると、ソリが置いてある。ソリは一台でいいんだよな、と自分に対して確認をしながら先を急いだ。

海氷は相変わらず荒れているし、ソリが一台になったからといって極端に進行距離が延びる訳ではない。それでも、ソリを一台にすべきか二台のままで行くか、という悩みがなくなっただけ、気は楽になった。とにかく進むしかないのだ。

出発して二時間ほど歩いたところで小さなリフローズンリードが目の前に現れた。幅は七〇〜八〇mといったところか。見たところ、表面に凍結した氷はまだ新しく、凍り始めて間もないようだ。

再凍結した氷をポールで突いてみる。手応えが柔らかい。かなり微妙な厚みだ。東西方向を見渡してみると、リードは同じ幅でずっと先まで続いている。おそらく数kmは歩かないと、繋がっている場所は見つけられないだろう。たったの八〇mを北進するために、繋がっている場所が見つかる保証もないのに迂回を何kmもするのは時間の無駄だ。しかし、この海氷に乗るのはスキーを履いていてもリスクがある。これだけ氷が張っていると、もはや泳ぐこともできない。

考えた結果、やはり行くべき進路は直進だ。ドライスーツを着た上からスキーを履き、仮に水に落ちてもダメージを受けないよう渡ることにする。

私のスキーのビンディングはどんなブーツにも対応して履けるような、ベルトと金属ワイヤーで固定する古いタイプのものだ。ブーツの上からドライスーツを着て、その上からでもビンディングの固定はできる。ただ、歩いている途中で氷が割れ水に落ちてしまうと、這い上がるためにもがいているうちにビンディングが外れてスキーが海の底へ沈んでしまう心配がある。ビンディングと足を細引きで結んでおき、仮に水中でスキーが外れても引き上げられる工夫をした。

ハーネスは体から外し、ソリを引くロープは通常よりも長く一〇mほどにして、手に持っておく。その状態でゆっくりとスキーを海氷に下ろし、徐々に体重をかけて体をリフローズンリードに移した。

薄い海氷の表面がまだ水っぽい。ポールで強く突くと、四、五回で氷に穴が開いて水が滲《にじ》み出てきた。そうっとスキーを進め、ゆっくりと体重をかける。一歩ずつゆっくりと確認するようにスキーに体重を分散させていく。

一〇mほど進むと、厚い海氷の上に乗っているソリをリードに下ろすため、手に持っているロープをゆっくりと引っ張った。厚い海氷と薄い海氷には段差があるため、重いソリを薄い海氷に下ろした時に衝撃で氷が割れる可能性がある。だが、一〇mも離れていれば、ソリが落ちる衝撃で自分の足元の海氷まで割れる心配はないだろう。

ロープを手繰り、ズズッとソリが動いて段差を走るように氷上を滑って薄い海氷にソリは下りた。よかった。

後ろ手に組むような体勢でロープを持ち、前進する体重の力でソリを引っ張る。力をかけようとすると、足に力が入って氷を踏み割るかもしれないので、焦らず、体重で引っ張る。

リフローズンリードの中央部まで来ると、海氷がさらに薄い。スキーに体重を乗せると、周囲の海氷がたわんで波紋状に広がっていく。恐ろしい。薄氷を踏む思い、とは正にこのことだ。足元の数cm下は地獄である。

ゆっくりゆっくりリードを渡り、対岸に乗った瞬間にホッとした。冷や汗をかいた。

それにしても、ソリ一台になるとやはり引きやすい。二台連結はどうしても雪面との抵抗感も増し、二台が完全に同調してくれないので引く力にいくらかの無駄が出る。このまま順調に進行距離を延ばせるだろうか。

日記より

「四月五日。三〇日目。食料計画二七日目。

七時半起床。やや寝過ごす。九時一五分出発。天気は良好、いい日を期待。しかし、スタート後から氷が荒れ出し、昼前からは乱氷帯。見渡す限りグチャグチャの氷。しかも雪はブカブカ。ひたすら疲れる。ソリが重い。何度もルートを見ながら北を目指す。全くイヤになる。イライラして仕方ない。どこまで続くのかとため息しか出ない。

三時頃から正面に大きなプレッシャーリッジ、かなり大きい。周囲はザクザクに氷が裂けている。西か東か、どちらからリッジを回るか考える。大きな氷から見てもリッジが大きくてその先が見えない。東側の氷が平らそうに見えたのでなんとかブカブカ雪を進んでいくが、先はメチャメチャに割れて駄目。ソリを外して西側を見に行くと、先には平らそうな氷。しかし、そこまで行くにはまたいくつかの小さなリッジや割れ目を越える必要あり。他に進む道はないので西へ回ってなんとか通過。ひたすら疲れて距離延びず。イライラが募る最悪の一日。明日はいい日になってほしい」


その後も相変わらず、海氷は激しく荒れる日が続いた。

ソリは軽くなってきているはずだが、依然として続く乱氷と食料制限による消耗の激しさが体力を奪っていた。それでも毎日の行動時間は一二時間ほどを確保し、意識は少しでも北へと向かっている。

歩いていると、時々海氷の動く音とは違う別の音が聞こえてくることがある。なんだろう？　と思って周囲を見渡すが何もない。空を見上げると、小さな点のようなジェット航空機が飛んでいるのが見えた。北極海を越えていく航空便か。ふと想像力が掻き立てられた。あの飛行機の中では、みんな映画でも見ながら食事したりビールを飲んだりしてるんだろうなぁ。俺が真下の北極海でまさかこんなことやっているなんて、誰も想像していないだろう、そんなことを考えながら、いったい俺は何をやっているんだろう？　と思ってしまう。

ソリは一台に集約したものの、乱氷の激しさから進行距離は思うようには延びなかった。精神的にも焦りが募り、どうやったら効率よく進めるのか、そればかりを考える。頭の中では常に計算を繰り返している。残された食料の量を計算し、それによってつくり出せる日数を計算し、残りの距離、それに必要な日数、体の状態、あらゆる要素を頭の中の計算式に入れて、北極点への到達可能性を考えていく。

大丈夫、まだまだ北極点への可能性は充分にある。

遠征前に腹の周りに蓄えていた脂肪もすっかり落ちてしまった。空腹感は増す一方だ。出発してからもう一ヶ月が経っている。おそらく計算では一二kgくらいは痩せているはずだった。脇腹の肉をつまんで脂肪の量を確認すると、あれだけ溜めた備蓄燃料が枯渇寸前、という具合だ。顔を触ってみても、痩せたのが分かる。おでこが痩せた気がする。食料制限をしていることが体の消耗を加速させている一つの要因だ。体が消耗すると同時に精神も削られていく。天気が悪く、視界が利かなくなるとイライラする自分を抑えることが難しくなってしまう。まっすぐ行けるかなと思ったところでそこにリードが立ち塞がっていたりすると、はあっと全身から力が抜けるようなガッカリ感の直後に怒りがこみ上げてくる。そんな時は、とりあえず大声を出して辺り一帯の氷を蹴飛ばしながら「ふざけんじゃねえよ！　やってられるか！　こんなこと！」と悪態をつくだけつき、ひとしきり発散したところで何事もなかったかのように「さて、行くか」と肩を落としてまた淡々と進み出す。頭の中では、常に客観的な自分と爆発しそうな感情が綱引きをしていた。

今日も荒れた海氷に捕まり、距離が延ばせずにいた。

この三〇日間、終わりの見えない一人きりでの乱氷無間《むげん》地獄と向き合い、ギリギリの進行を続けてきたが、日程の遅れは深刻な問題だった。この状況を打開するためにどんな手を打つべきか。大事なのは、とにかくスピードだ。ソリが一台になって三度手間は解消されたが、それでも期待したほどの効果はなかった。現在、ソリの搭載物で最も重い物はカヤックだ。もしかしたら大きな力になるかもと可能性を期待して用意したカヤックが、ここに来て重荷になっている気がしてきた。それが気になり出すと、カヤックを捨てたくてたまらなくなってくる。一〇kg以上あるカヤック一式を捨てれば、かなりの負担軽減になるはずだ。進行速度も上がるだろう。しかし、ここから先、ドライスーツだけでは渡れないほどの大きなリードに出合ってしまったら、そこを越える術がなくなる。とはいえ、このままのペースで行けばリードの存在に関係なく北極点まで行くことは困難となる。であれば、カヤックを捨てて軽量化を図り、あとは巨大なリードには遭わないことを祈るしかない。いや、でも……。思考は行きつ戻りつしながら、何が正解なのか、そもそも正解などないのかもしれないが、歩きながらひたすら考える。考えても、正解は分からない。でも、とにかく考えるしかない。

今日は乱氷とリードに捕まり一〇kmも進めなかった。疲れた体と精神を鼓舞し、テントを設営して全ての荷物を放り込むと、一晩の寝床に潜り込んで何度目か分からない作業をいつも通りに行なって火を点け、衣類を脱ぎ、汗で濡れたグローブや靴下をテント内に吊るして干した。

空腹感は相変わらず激しく、食事をした直後にもう空腹だと感じるようになっていた。日々の食料の二割を削減し、それによって先の時間をつくり出すために、食べるべき量も足りていない。今日は多めに食べてしまおうか、という誘惑に毎日駆られるが、ぐっと堪えている。我ながら、この自制心は見上げたものだと感心する。

「この足の下は二〇〇〇mくらいの深さがあるかな」

ついにカヤックを捨てた。

今は進行速度を上げることが第一優先だ。カヤックを試す機会は結局なかったが、実際に北極海へ持ち込んだことで学ぶことがあった。今後の改良次第ではカヤックも有効な手段に成り得る実感がある。

カヤックを捨ててからこの三日間、一〇kg以上の軽量化もあり、海氷状況もよかったために連日二〇km前後の距離を進むことができている。

人間なんて現金なもので、ペースが上がった途端に急に考え方が前向きになり、このままのペースなら何日までには北極点到達できる、と皮算用を始める。あくまでも、このままのペースで行ければ、である。たらればでしかないのだが、わずかな希望に期待を込めてしまう自分がいた。

一昨日の日本との交信で、大きな低気圧が接近していることを教えられた。来るとしたら、今夜あたりである。その予報を裏付けるように、午後になって風が強くなり始めた。またブリザードが来るのだろうか。強いブリザードが来ると安定した海氷が激しく動き、新しいリードや乱氷が頻発してしまう。

今日の出発直後に大きなリードにぶつかった。これは、昨日キャンプをした時にはすでに先のほうに見えていたものだが、一晩明けてみると明らかにリードの幅が広がっていた。

幅は広いところで三〇〇mはあるだろうか。対岸で隆起した乱氷が遠くに見えている。リードの端は凍っているが、中央部は凍っていない。一番微妙で、渡るのに悩ましいリードの典型だ。リードの端、再凍結している氷の上をリードに沿って渡れる場所を探すが、閉じる様子はない。

これはドライスーツで渡るしかないか、と心を決め、なるべく幅が狭まっているところでチャレンジしてみる。

対岸の安定した海氷までは一〇〇mほど。ただ、その半分くらいは再凍結しており、中心部の五〇mほどが問題だ。グラデーションを描くように海氷は徐々に薄くなり、中心ではまだ水の状態だ。

ソリを牽引するロープに三〇mほどのロープを延長しておく。ハーネスを外し、スキーも脱ぎ、つなぎになっているドライスーツを着込むと、束ねたロープを持ちながら、ソリを引いてリードの中心に向かっていく。二〇mほどで海氷の質感が見た目で変化し、そこからは一段と薄くなっているのが分かる。その際から先は、四つん這いになって体重を分散させながら、慎重に進む。その海氷もまた、ある境を隔ててさらに薄くなっているのが分かる。そこからは腹這いになり、匍匐《ほふく》前進しながらどこまで行けるかを探る。次第に、体に感じる海氷の感触が柔らかくなっていく。硬い床の上からマットレスの上に身を移したように、ふわふわした感触だ。匍匐前進をする腕の下で、薄い海氷がたわんで今にも割れそうである。いつ氷が割れるか、鼓動が速まる。肘や膝に力をかけ過ぎると、一発で氷を破る。ただ、ドライスーツを着ているので、元より水に落ちるのは覚悟の上ではある。と、右の膝がスッと抜けた。「あ、割れたな」と察知した。海氷は淡水の氷と違い粘着質なので、一ヶ所の割れが周囲に連鎖しない。そうっと右膝を持ち上げて前に進ませようとするが、

大きなリードに行く手を阻まれる

そのために力が入っている左の肘が次に落ちた。となると、次々に氷が抜け始め、体全体が水の中に入ってしまった。

ドライスーツをしっかりと着ている限り、体が水に濡れることはない。ドライスーツを着る際に閉じ込めたスーツ内の空気が浮力となり、意識的に泳がなくても体は浮く。気温は氷点下三〇度ほどだが、水温は零度近辺と気温に比べて高いので、冷たさを感じない。それどころか、ぬるま湯に浸かっているような温かさすら感じる。

仰向けの状態で手足を伸ばして水に浮き、さあ、ここからどうするかを考える。中途半端に凍ったリフローズンリードの中央部である。リードの安定した対岸はまだ遠いが、再凍結した海氷に乗るまで五〇mくらいか。全く氷がなければ、スイスイと泳いでいけば簡単に辿り着けるが、今落ちたような薄氷が邪魔をする。厚さは三㎝くらいなのだが、氷の上から力をかければ簡単に割れてしまう氷も、泳いでいく限りは断面の「横から」力をかけて進んでいく必要がある。仰向け状態で、両手を大きく開いて周囲の氷を割り、背泳ぎしながら進もうとしても、割れた薄氷が背後で積み重なりなかなか進めない。

リードに浮かびながら、休憩する。さて、どうするか。雲が風に流れていく空を見上げながら、ふとここが北極海の上だと改めて意識した。

「あぁ、この足の下は二〇〇〇mくらいの深さがあるかな」と気付く。

途端にぞっとした。昔の探検家の亡霊が出てきて、自分の足を引っ張って海底に引きずり込むようなイメージが湧いてきた。泳いでいる最中に何かあれば一発でアウトだ。自分一人、助けてくれる人はいない。

対岸の海氷まで氷を割って進もうと頑張るが、二〇分ほど頑張っても泳ぎきれる気がしない。その場でジタバタと泳いで、氷を割って進もうと試みてみるが、もがいているだけで一向に進まない。あまり長い時間水に入っていると、体が冷えて体力を奪われてしまう。余裕のあるうちにソリ側に戻り、再凍結した海氷にアザラシが水中から這い上がるように、体全体で体重を分散させながら氷に上がった。これは泳いで渡るのは無理そうである。仕方ない、リードに沿って渡れる場所を探す以外に手はない。リードは東西方向に発生しているが、西側がやや北へと向かっているため、西に進んでいく。

延々歩いて三時間、ようやくリードが狭くなり始め、繋がっている箇所を発見した。よかった、一安心だ。

腕時計に内蔵されている気圧計の表示が下降していく。西風が強く、周囲の雪が吹き飛ばされて足元を流れていく様子から、低気圧が接近していることを感じた。リードで足止めを食い時間も消費したので、進めるだけ進んでおかなくてはいけない。ブリザードが来ることも考え、テントを張る場所には細心の注意が必要だ。安易に脆《もろ》い海氷上でキャンプをすれば、動いた海氷の破壊に巻き込まれてしまう。一日の終了時には強烈なブリザードがこれからやってくることを感じさせる強風が吹き始めた。

風は時を追うごとに強まり、夜半には問答無用のブリザードとなった。低く唸《うな》るような暴力的な風の塊がテントを叩く。寝ながら「これじゃあ明日は停滞だな」と覚悟した。停滞で体を休められるのはいいのだが、食料制限をしている現状では基本的に絶食となる。空腹感を抱えたまま、テントの中でジッとするのはつらい。

夜の日本との交信で、私の後にスタートして北極点を目指しているアメリカチームの動向が知らされた。彼らのウェブサイトに日々のレポートが記されているらしい。彼らは経験豊富な二人組で、リーダーのエリック・ラーセンは世界的にも有名な冒険家だ。北極点への遠征も過去二度の経験がある。彼らも乱氷帯には難儀しているようだ。「アメリカチームのレポートにこんなこと書いてあるよ」と告げられ、読み上げてもらう。

「今年の乱氷はとにかく激しい。それにしても、この激しい乱氷帯を我々二人でやっと通過しているのに、先行する日本人エクスプローラーのオギタはたった一人でこの状況を進んでいるのは驚くべきことだ」

「こっちも難儀してるよ、死ぬ気でやってるわ」

そう笑って答えた。

ウンコは食えるのか？

翌日はテントの外を確認するまでもなく、ブリザードが吹き荒れている。寝袋から出ずに、体力を回復させるために寝続けた。しかし、寝るにも体力が必要なのだと気づいてくる。体は疲労しているのだが、空腹を抱えたままだと睡眠状態に入ることもできなくなってくるのだ。ブリザードがやってくると気温が上昇するため、テント内は火を使わなくても充分に過ごせる。寝られないことにイライラし、身を起こしたり横になったりを繰り返してしまう。空腹感に悶々としながらも、前日食べたものはしっかり消化され、朝にはウンコとして排泄される。便意をもよおしてきたので、テントの外のスコップを取り、少し雪をすくってテント内に持ち込んだ。パンツを下ろしてその雪の上にウンコをして外に捨てた。この頃には、ウンコもかなりキレがいい。スタート直後は、食料全体を通して脂質が多めでウンコも油っぽいが、体の消耗が進むと胃腸が通過していく食物の栄養素を一滴残さず吸収しようと頑張るので、排泄されるウンコは完全に残りカス、カラカラである。

便意が収まり、腹の中が空になると余計に空腹感を覚えてしまう。テント内にはこれから先の食料はあるが、まさかこれを食べる訳にはいかない。食料制限までして必死につくり出した貴重な食料だ。今の自分にとって、食料は何よりも貴重な存在である。もしジップロック一袋の行動食を一〇〇万円で買わないかと誘われれば、相当悩むだろう。この場においては、金など何の意味もなさない。食べたくて仕方ない。その食べたい欲求を抑えている自制心は、ゴールに向かうための気持ちが生み出している。とはいえ、先の食料を見ないフリして寝袋に入るが、睡眠状態に入ることができずにイライラして、食べたい欲求が抑えられなくなってくる。

少しくらいなら食べてもいいだろう。ほんの少しだけだ。次第に誘惑が強くなり、行動食のジップロックを開け、ピーナッツを一粒だけ食べた。これが美味い、泣くほど美味い。もう一つだけ、これで止めるから、もう一つ。そう言い聞かせて、もう一粒を口に入れる。あぁ、なんて美味いのか。ピーナッツをバケツに山盛り食べられたら、どんなに幸せなことか。日本に帰ったら、腹がはちきれるほどピーナッツを食べてやる、と心に決めるのだが、実際にそんなことはしない。

爆風が吹き荒れる北極海の上、小さなテントの中で一人、空腹感を抱えて一口食うの食わないので一進一退の攻防を自分自身の中で繰り返す。

何か、食べても差し支えのないものはないだろうか？　通常の食料には手をつける訳にはいかない。捨てたソリやカヤックが食べられる素材でできていたら最高に効率的だった。次は食べられる装備を開発してみようか。そんな想像をしながら気を紛らわす。道具バッグの底に忘れていた行動食とか発見できないか？　とありもしない食料を探すが、もちろん何もない。食い物、食い物、食い物、それしか考えられない。

はたと、あることに気づいてしまった。禁断の迷いが私の頭をかすめた。

そういえば、ウンコは、食えるのだろうか？

確か植村直己さんの本では、犬ゾリの犬たちが植村さんのウンコを残さず食べてしまったという記述がある。犬たちは犬同士のウンコは食わないくせに、人間のものは食べるのだ。しかも、犬たちは用を足す植村さんの尻の前で出てくるものを今や遅しと待ち、出るそばから平らげてしまうらしい。それに、聞いた話で嘘《うそ》か本当かは定かではないのだが、八〇年代に活躍した、とあるヨーロッパの冒険家（具体的な個人名は出さないが）は、自身が医師であることも関係しているのだろうが、自分のウンコを食べ、それすら食料計画の中に入れながら北極を歩いたらしい。あの話は本当だろうか。

先ほど出たウンコは、テントの外で凍っている。私はテントの入り口を開け、顔を出して自分のウンコと対峙してみた。見た目によってはかりん糖のようである。凍っているため、匂いはしない。私はナイフで自分のウンコを突いてみた。ポキっと折れて、消化されずに残った胡麻の皮らしきものが見える。食えるのだろうか？

しばらくそうやって、ウンコを観察していると、はたと再び気づく。そして冷静になる。

「いや、さすがにウンコを食うのはないだろう」

そう思い直し、テントに体を収めた。別に食っても害はないだろうが、何かプライドというか、尊厳が傷つけられるような気がする。それに、食っても大して腹の足しにならないだろう。それにしても、さっきまで腹の中にあった時には汚いと思わなかったものが、尻から出た瞬間に汚物となるのは、いったいどういう心理なのだろうか。腹にあったものを、また腹に戻すだけだと思えば、自然な気もする。でも、口に入れるのはさすがにどうか。

空腹感を抱えたままブリザードの中で一日を過ごし、夜にGPSで現在位置を確認すると、昨夜テントを設営した時よりも二二・八㎞も流されていた。何もしていないのに、時速一㎞ほどで海氷が風下へと動いている。これではおそらく、海氷全体がかなり激しく動いたことだろう。さらに氷が荒れることは間違いない。

ブリザードは翌日の昼に抜け、午後から進行を開始した。朝はまだ吹雪いていたため、今日も停滞かと思っていたので朝食を食べていない。丸一日半、何も食べずに行動を開始するとどうにも力が出ない。ソリを引いていてもフラフラするが、あとは気力でカバーだ。空腹感はあるが、食料制限をして先々の食料をつくり出せたことに充実感を覚え「俺はよくやった」と手柄のように感じていた。これでさらに進む時間をつくり出すことができた。

決断

ブリザードの影響だろう、新しい乱氷帯やリードが頻発していた。

平らな氷盤が動き、別の氷盤とぶつかり合うことで激しい破壊の跡が至るところで展開されている。ひたすら滅茶苦茶である。北極海は、これでもかこれでもかと、たたみ掛けるように私の体力と気力を奪いに来ているような気がしてくる。

海氷の動きは常に私を悩ませていた。昨夜も一晩で二kmほど南へ流されていた。八時間の就寝中で二kmということは、一日にその三倍の六kmは戻されているはずだ。必死に歩いた距離も、気づくと何割かは戻されていることになる。もうガッカリすることにも慣れている。

幅が五mほどの水路のような新しいリードが行く手を遮る。分厚い海氷が割れたため、海水面と雪面に一mほどの段差ができ、ドライスーツでは渡れない。もし水路に降りてしまうと、段差が大きすぎて這い上がるのが難しくなってしまう。

リードに沿って渡れる場所を探して歩くと、軽自動車くらいの大きさの海氷が浮かんでいるのを見つけた。人間が一人乗った程度では安定感を失わないように見える。安定性を確認し、スキーを脱いで浮いている氷の上に降り、対岸に飛び移った。恐ろしい。

昨日、北緯八六度〇八分を通過した。残りは四三〇kmだ。

今日がもう四一日目だが、食料計画上は三七日目で、ここまでの食料制限によって、食料計画上の五七日目まで動くことができる。なんと七日分もの追加食料捻出に成功したのだ。素晴らしい、俺は天才だろうか。つまり、今日を入れて二〇日間の行動が可能な計算だ。二〇日で四三〇kmは、充分に行ける距離である。昨日も二二km進むことができたので、このペースを刻むことができれば到達できる可能性は充分にある。ただ、ここまでの体力の消耗は著しい。明らかに、体に必要な熱量と栄養が足りていないのだ。体力だけでなく、精神的にもすり減っている実感がある。昨日は海氷の状況が極めて良好だったため、距離が延びた。海氷状態が良くなると、心の隅で「きっとこの先もいい海氷が続いてくれるはずだ」という希望的観測が先立つ。どうにか状況が好転してほしい、という願望が強くなればなるほど、客観的な事実よりも、頭の中で都合よく歪曲《わいきょく》した未来を期待してしまう。そして、そんな思考回路になっていることに気づかず、自分は極めて冷静であるように勘違いしていることに、気づかない。

常に冷静に、第三者的な視点で自分を客観視する、なんて、言うのは簡単だが実行するのにこれほど難しいものはない。

自分がなぜこの場にいるのか、それは北極点まで行くためだ。これをやろうと決め、時間をかけて準備し、資金を集め、仲間を集め、そして実行している。心の中に燃えるような情熱がなければ北極海なんて歩くことはできない。しかし、その感情の部分が客観性を見失わせる。行きたい、進みたい、という感情が都合の悪い目の前の現実を歪曲し、自分にとって希望通りの根拠のない未来にすり変えていく。危険とは環境の中に潜在している。その地雷のように潜んでいる危険を踏むのは自分だ。客観的な事実よりも、自分にとって都合のいい歪曲された未来を信じることは、潜在し

ブリザードが過ぎ去った後の激しく荒れた海氷

ている危険性を顕在化させることに繋がる。果たして、今の自分はどんな思考になっているのだろうか。

西からの強風が吹き、視界が明瞭ではない。ソリは出発時から比べると随分軽くなっているはずである。しかし、引いている感覚ではそう感じない。もう重量は半分くらいになっているはずだが、随分重たいソリだな、そう何度も思う。体力が奪われているのだろうか。少し進むたびに、立ち止まって両手のポールに体を預けるようにして、休憩することが増えてきた。

海氷の動きも考慮して、今日は一日ずっと西寄りを意識して北進していたが、途中でGPSを使って位置を確認してみると出発時の経度よりもかなり東に移動していた。あれだけ西寄りに意識をはらって移動したのに、なぜ出発時よりも東にいるのだ。太陽の位置はぼんやりと見えているので、方向を見失うことはない。足元がとんでもない勢いで流れ動いているのだ。

周囲は筆舌に尽くし難いほどの海氷の荒れ具合だ。分厚い氷盤が最近のブリザードで破壊され、行く手を遮る。空爆された跡みたいだ。なんでこんなに意地悪なのか。俺にどこまで嫌な思いをさせてくるのか。憎らしくなってくる。これまで何度、がっかりさせてくれたのか、そしてこれから何度、俺を絶望させる気だろうか。

昨日は順調に稼ぐことができた距離も、今日になってまた芳しくない。順調に進むことができれば、北極点まで行く可能性は残されていると思っていたのに、その期待は一日であっけなく覆された。なぜなのか、なぜ進めないのか、いつになったら氷は安定してくれるのか。

愚痴っても仕方ない。とにかく進むだけだ。何度もソリに腰掛け、じっと足元の雪面を見つめながら、頭を空っぽにしてまた歩き出す。鋭い刃の上を歩いているような、少しでもバランスを崩すと自分の心があっという間に落ちていくような気がした。

大きな氷盤の上を進んでいくと、隣の氷盤と衝突して縁のあたりで氷が隆起し、小さなプレッシャーリッジをつくり出している。近付いていかないとその先が見えない。先も平らな氷盤が連続してくれていれば、安心して進めるのだが、と期待を込めて近付いてリッジを登ると、その先はまた激しい戦場のような混沌の乱氷地帯が広がっている。

その瞬間の全身から力が抜けていくようなガッカリ感は、言葉では言い表しようがない。もう何百回目のため息かと思うくらいに、一生分のため息をついた。

激しい空腹感、体力の消耗、それによる精神の擦り減り、進んでも流されていく現実、激しすぎる乱氷、次第に信じていた現実に迷いが生じてきた。思考が急にネガティブに振れてきた。これまで全てを受け入れてきたつもりだが、その容器が溢れそうになっている気がしてきた。殴られても殴られても、じっと我慢して耐え忍んできたが、心が爆発しそうになってきた。

「このまま進んで、北極点まで行けるのか？　行くべきなのか？」

ソリに腰掛けながら、迷いが頭を過《よぎ》った。初めて考えた疑問だった。これまで四一日間、一片たりとも考えなかった迷いが生じた。

いや、実は分かってはいたのだろうが、あえて考えないようにしていたのかもしれない。見えていたのだが、見ないようにしていた現実だった。

「俺は今、危険な考え方をしているんじゃないだろうか」

そう思った。進むことだけに囚《とら》われ、視野が狭くなってはいないか。常に自分の後ろから、自分の見ている景色の中に自分自身がいるかどうか、立ち止まって考えた。

でも、分からない。果たして、いまこの思考ですら正しい考え方をしているのかが分からない。考えれば考えるほどに、混乱が混乱を招く。

今ある食料と、そこからつくり出せる日数を考えれば、北極点までちょうど行ける日数ではある。ただ、それも順調にこのまま進むことができればの話だ。しかし、その日数自体も北極点に着くために必要な日数を逆算し、無理やりつくり出したものではないだろうか。五日分の食料しかないのに、一〇日かかるのならば食料を半分にすればいいんだ、これで解決という発想と全く同じことをやっている。このまま行けば、あと一七日もしくは一八日で北極点に着くはずだが、この消耗しきった体でそれが可能なんだろうか。

そもそも、今俺は、進みたいのだろうか、帰りたいのだろうか。考えてみると、それすらも分からない。とにかく、進むしかない、進むべき、そうとしか考えられていない自分がいる。何のために進む？　何のためでもない、やると決めてここに来たから、だから行くだけだ。気持ちはどうなんだ？　気持ちを考えれば、こんなにつらいことからは一秒でも早く離脱したい。その思いは常にあるが、無意識下の克己心が次々に訪れる困難な出来事全てを受け入れ、受け流すことでこれまで足が前に出た。もしかしたら、俺の心は今、限界を迎えているのではないだろうか？　これ以上を、受け入れきれなくなっているのではないだろうか？　そう思うと、途端に悔しくなってきた。何だ、俺は所詮こんなものかと。

考えても考えても、分からなかった。今の状況で、行くことは可能だ。食料と時間はつくり出した。体にも異常はない。装備も問題はない。行くことは可能だが、では行けるのか？　そしてもう一つ、俺は本当に行きたいのか？　このまま北極点まで行きたいと思っているのか？

悩みに翻弄《ほんろう》され、集中できずに何度もソリに腰掛け、考えながら一日が過ぎていった。痩せ細った体を引きずるように四一日目のキャンプを設営する頃には、風の勢いが強まってきた。空を見上げると、厚い雲が西からやって来ている。

日本への定時連絡を行なう。この日、初めて進むべきか否かに悩んでいることを吐露した。答えが欲しい訳じゃないかもしれないが、喋《しゃべ》らないとおかしくなりそうだった。そして、何か自分の背中を押すような言葉を求めていたのかもしれない。やめるための、言葉をだ。

今後の天気予報の情報をもらった。その中に、明日の夜から大きな低気圧が通過することで、ブリザードが数日続くだろうという情報があった。

「マジかよ。ここから何日も停滞していたら、完璧にアウトだよ」

そう答えたが、心の片隅では「やめる言い訳ができた」と考えていたかもしれない。しかし、それでもまだ行く可能性を模索していた。


翌日。四二日目。一夜明け、この日も風が強くブリザードの到来を予感させるような天気だ。昨夜も一晩で二km以上南に戻されていた。

前進はやめなかった。北極点への可能性を探りながら、一歩でも北へ近付くために歩いた。

昨日の夜の交信の時は、かなり後ろ向きな考えになっていたが、今日の進行がはかどればまた考え方は前向きになっていくかもしれない。そんな期待を込めていた。

しかし、北極海は無情だ。そんな期待はさっさと吹き飛ばすほどに、昨日以上に海氷は荒れまくっていた。

小さなリードが無数に頻発し、風で拡大していくことを待っている。まともにまっすぐ歩くこともできない氷上を、悩める小さな自分は進路を求めて右往左往していた。

これはもう、無理なんじゃないか。

人生でこれほど考えたことはない、というくらいに考えるのだが、そもそも俺は何を考えているのかと、考える。

いや、まだ行けるはずだ。

思考は揺らいでいた。なんて俺は弱いんだ。もっと強く、前進する力が欲しい。

ソリに腰掛け、力が欲しいと念じるが、裏腹にもうやめたいという気持ちが心を揺さぶる。

気づくと、泣いていた。

なぜ泣いているのだろうか？　悔しいのか、悲しいのか、何の涙なのか分からないが、俺は弱い。それは確かだ。

それでも、いやまだ行けるはずだと自分を励まし、再びソリを引き始めた。ソリを引き始めるが、少し歩くと立ち止まり、考える。またソリに腰掛け、力が欲しいと願う。

巨大な一軒家ほどありそうな海氷が轟音を立てながら氷盤に圧力をかけ、辺り一帯を破壊していく真横を通過し、一つの広い氷盤に出た。ここなら比較的海氷は安定しているだろう。一日歩いたが、足がなかなか前に出ず効率はとても悪かった。ルート選びも集中力に欠けていた。

風が強さを増し、気圧計の数値も下がっている。また天気が崩れるようだ。

テントを設営して潜り込むと、いつも通りの手順で火を点けて食事の準備をする。まだ考えていた。何を考えていたのだろうか？　北極点へ到達できる可能性か？　それとも、進むか退くかの判断か？　もしくは、行きたいのか行きたくないのか、気持ちの葛藤か？

客観的な現実と感情の狭間《はざま》で葛藤する。行きたいのに行けない。気持ちと現実が相反する時、葛藤が生まれる。感情は判断を惑わせる。しかし、感情から生まれる情熱がなければそもそも足を進ませることはできない。燃えるような情熱と、極めて冷静な判断を両輪として、前進する力になるのだ。

もう一度、自分自身をまっさらな状態として見てみよう、そう思った。

まだ進めるかと言えば、進める。体の消耗はあるが、元気だ。日数は足りるだろうか？　現在地から北極点までは、おそらく一七日あれば行けるはずだ。これは希望的観測ではなく、客観的な予測としてだ。一七日分の食料は捻出してある。しかし、今の体の状態と、これまでの消耗度合いを考えると、ここからさらに一七日間を闘える気力と体力があるのだろうか？　それは分からない。イエスとも言えるし、あるいはノーかもしれない。集中力は保てるのか？　今日は全く集中できなかった。迷いが頭をかすめると、途端に足が出なくなる。前進するための力が欲しい。

気持ちはどうだろう。俺は、このまま北極点まで行きたいという強い気持ちを持っているのだろうか。次第に弱さが自分自身を侵食しているのが分かる。戻りたくなっている自分がいる。戻るための言い訳を、考えることで肯定しようとしているのではないだろうか？

そんな時、ふと一つの考えが頭を過った。

俺は、このまま北極点に着いた時、嬉しいだろうか？

今まで考えたことのない疑問だった。これまで、食料制限をして時間をつくり出し、カヤックを捨てても前進することを選んできたが、心の片隅に「何かが違う」という違和感があった。自分が置かれた現状は、望んでいた状態に近付いているのだろうか。望んでいた状態とは、なんだろうか。それは、ただ北極点に辿り着くということではない。北極点に、事前の想定内で辿り着くということだ。どこに着くか、が問題ではないのだ。どう着くのか、それこそが問題だ。どう着くのか、これを言い換えるとどう向かっているのかだ。着くことが重要ではなく、向かうことこそが目的だ。着くとは結果の話、向かうとは過程の話だ。正しい過程を歩むことで、結果は自《おの》ずとついてくる。

いま、明らかに自分の行動は事前の想定を超えたところにある。食料制限をかけて追加の日数をつくり出すことも、カヤックを捨てることも、想定外の出来事だ。もしこのまま、想定外の出来事の範疇で北極点に辿り着いてしまったら、俺は後悔するんじゃないだろうか、嬉しくないんじゃないだろうか、そう思った。こんな厳しいことは、もう二度とやりたくない。もし、このまま押し通して北極点まで行けたとすると、おそらく二度と同じことをやろうとは思わないだろう。しかし、それは心のどこかに憂いを残す気がする。結果に囚われ、正しい過程を歩まなかったのではないかという憂いだ。

今の時代における北極点無補給単独徒歩は、言うまでもなく難しい。それを実現させるのは、非常な困難を伴う。だからこそやる意義があるのだが、それほど難しい課題を、想定の範囲内で終わらせることにこそ最大の価値がある。このままゴールしてしまったら、それは実力ではなく、運でしかない。

俺は、北極点無補給単独徒歩を、余裕でゴールしたいのだ。今回は、違う。これで終わらせてはいけない。這いつくばるように、限界ギリギリで北極点に辿り着くことは、美しくない。

そう考えると、急に頭の中の靄《もや》が晴れてくる気がした。それが本心なのか、それともやめたい現実への体裁の取れた言い訳を発見したことへの安堵か、分からない。でも、それが今の気持ちだった。


日本への定時連絡を行ない、今回は退くことを伝えた。

その連絡を終えると、私は日々の日記に今回の反省点を書き出した。ビデオカメラに向かい、今の気持ちを喋り、残さず撮った。今は記憶に新しいこの気持ちも、年を経るごとに忘れてしまいそうで怖かったのだ。日記帳に向かい、食料計画や装備の改良点、日数計算や重量計算を一からやり直した。次回の挑戦を見据えて、戦略を立て始めていた。

研ぎ澄まされた五感

北極海をすっぽり包み込むような大きな低気圧が通過していた。撤退を決めた日から、ずっと天候が荒れている。歩くことは可能な天候ではあるが、強風が視界を遮っていた。

天候の回復を待ち、ピックアップを受けるために滑走路となり得る平らな海氷を探すつもりでいたが、動けなかった。人間の社会から遠く離れた北極海から離れるには、現状では外部からのピックアップに頼らざるを得ない。

おそらく、後方から北極点を目指しているアメリカチームは前進を続けていることだろう。揺れるテントの中で、一人想像していた。何だか悔しくなってくる。なぜ、俺は歩いていないんだろう。これでよかったんだろうか。もう歩かなくていいんだという安心感と、闘いを断念した虚《むな》しさが同時に襲ってきた。

三日間、強風が続き海氷は毎日二〇km前後も東へと流された。三日で六〇kmは流されただろうか。安定した海氷上にテントを張ってよかった。

天気の回復を待ちながら、やることもないので寝袋で寝ながら今後のことを考えていた時のことだ。

寝袋の中、顔だけ出して吊るされた手袋や靴下を眺めながら、考えるでもなくぼーっとしていると、ふと、急にテントの外が気になった。外は相変わらず風が強い。テントはバサバサと音を立てて揺れている。なぜか、無性に「外を確認するべきだ」という思いに駆られた。いつもはそんなことはないのだが、外が気になって仕方ない。急に思い立った。

寝袋から出て、テントの入り口のジッパーを開けた。入り口から顔を出して最初に左を見た。北の方角だ。風が強く、粉雪が雪面を流れ飛んでいる。空はうっすらと雲の切れ間がある。

「天気悪いなぁ」

そう思いながら、次に右を見た。すると、五〇mほど先に、青いジャケットに身を包み、ソリを引いている二人の男がいた。アメリカチームの二人だ。何と、彼らがすぐそこにいた。

前後に並び、前にリーダーのエリック・ラーセン、後ろにパートナーのライアン・ウォータース。私が顔を出して彼らに気づいた時、前を歩くエリックは立ち止まり、下を向いて何かやっていた。どうやら、胸元にカメラを仕舞っていたようだ。私のテントを発見して、立ち止まって写真に収めたのだろう。そのカメラを胸元に仕舞い、顔を上げると私がテントから顔を出して手を振っていたので、エリックは驚いたに違いない。「なぜ、自分たちが声をかけるよりも先に顔を出していたのか」と。

ダウンジャケットを着て、私もテントから出た。アメリカチームがテントの傍まで来たところで私は言った。

「今回は退くことにしたよ。時間切れだ」

そう言うと、エリックはライアンに対して、

「彼は帰るらしい」

そう言った。

「そうか、残念だな」

ライアンは声をかけてきた。

「今年の乱氷は考えられないな。こんなのは俺も初めてだ」

エリックが言った。私はその言葉に、救われた気がした。そう、俺のせいじゃない、今年の乱氷が激しすぎたんだ。そう思いたかった。

ほんの一〇分ほど立ち話を交わした。あそこのリードはどっちから迂回したかとか、その場にいた者同士でしか分からない、そんな会話だった。

「よし、じゃあ俺たちは行くよ」

「気をつけて、また会おう」

言葉を交わし、二人はまた北極点を目指して歩いていった。その後ろ姿を見て、私はどうにも羨ましくて仕方なかった。俺も行きたいのに、なぜ行かないんだ。見えなくなるまで、彼らを見送った。

レゾリュートで準備をしながら話していた時、彼らは五五日分の食料を用意すると言っていたのを思い出した。私よりも五日分多く食料を持ち、そして二人組での進行速度の速さが決定的な差だった。ただ、それ以上に北極海に対する理解の深さという点で、私はまだ足りていなかったのだろう。読みが甘かった、その一言に尽きる。

それにしても、なぜ私は彼らの接近に気づいたのだろうか。偶然だったのか？　顔を出すのが三分遅れていたら、彼らは私が気づくよりも先にテントの私に声をかけていただろう。三分早かったら、まだ彼らはそこにいない。四〇日以上、生命のいない北極海氷上で一人、行動を続けていると、全ての感覚が開く。五感が鋭くなり、気配を察知するようになる。これまでの北極遠征でも度々あった出来事だ。アメリカチームの二人を発見した時、私には驚きはなかった。

「あぁ、さっき気になったのはこれだったか。今回は彼らの接近を気づいたか」

そんな気持ちだった。

後日談だが、この後、アメリカチームは無事に北極点に到達することができた。私は帰国後、彼らのウェブサイトで動向を追っていたのだが、二人が北極点に到達した日付は、私と氷上で会った日から数えて一七日目のことだった。私の読みは、合っていたのだ。

四月二三日。四八日目。

低気圧は抜けて天候も回復したことで、前日から滑走路を探して動き、一日かけて着陸できそうな場所を見つけた。雪面にサスツルギ（風が削った雪面の隆起）は多いが、これ以上の場所は見つけられそうにない。

日本の事務局、飛行機会社それぞれに連絡し、現在位置を伝えてある。タイミングが悪いと何日もフライトを待たないといけないが、ちょうどレゾリュートでツインオッターが空いたということで、今日のピックアップとなった。

快晴。雲一つない。最高の天気だが、そんな日に歩いていないことへの後ろめたさがまだあった。

多くの人は、最後は勇気を持って退いてください、と私に言う。ただ、私は「退く勇気」というのは、我々のように現場の人間は言ってはいけない言葉だと思っている。退くのに勇気は要《い》らない。退く時に必要なのは、客観的な妥協だ。妥協できず客観性を失った奴から死んでいく世界である。勇気が必要なのは、前進する時だ。困難とは、自分の内にある。困難を乗り越える時にこそ、勇気が必要なのだ。

俺には勇気がなかった。前進し続ける力を持てなかった。果たして、これでよかったのかと自問する。いつまでも答えは見つからないだろうが、考えることが備えを生み、それが冒険と無謀の狭間となる。考えることをやめた時、本来無意味な冒険が本当に無価値になってしまう。

飛行機が到着するであろう大体の時間は知らされている。その時間が近付き、いつでも帰還できるようにテントの中を空っぽにしておく。飛行機が来た時点で、テントだけソリに積めばいい。次にここへ帰ってくるのはいつだろう。北極海の景色を目に焼きつけておこう。この悔しさと、虚しさを忘れないようにしよう。この雪、氷、空、雲、風、水、全てが私を苦しめ、そして活《い》かしてくれた。今は疲労困憊で闘えないが、きっとまた戻ってくる。また必ず挑戦してやる。そんなことを思っていた。

南の空から、微《かす》かなエンジン音が聞こえてきた。

「来たな」

そう思い、テントから飛び出すと、青い空に赤と白のツートンカラーのツインオッターが、両翼を左右に振りながら「発見したよ」というこちらへの合図と共にテントの真上を通過した。

これで帰るのか。安堵感と、寂しさが胸に去来していた。

私の二度目の北極点無補給単独徒歩の挑戦は、こうして撤退を迎えた。

第二章

未知への憧れ

カナダ～グリーンランド単独行　二〇一六年

新たな目標

二〇一四年に北極点挑戦を行ないながら途中撤退に至った後、私の中には「三度目の北極点」という目標があった。

しかし、二度目の北極点挑戦を行なったその年を最後に、カナダ側で長年にわたって北極海へのチャーターフライトを行なっていた飛行機会社がその業務を中止してしまった。それにより、レゾリュートの村から北極点へのスタート地点となるカナダ最北端への移動が極端に困難となった。北極点挑戦には、もう一つの可能性であるロシア最北端からのルートがあるのだが、近年はロシア側の海氷が以前に増して薄く流動的となり、安定しない海氷が北極点を目指す冒険家の挑戦を退けている状況が続いた。

二度目の北極点挑戦が途中撤退に終わった後、自分の中に獲得したものと、同時に失ったものがあった。

二度目の北極海を経験し、深く心の奥底まで北極海に入り込んだことで、北極海の正体をようやく見た気がしていた。それまではまだ捉えどころのなかった、不確定極まりない北極海という存在が、私の中で明確な輪郭を持った対象として想像できるようになっていた。北極点には到達できていないが、あの時に到達できなかったことで「なぜ自分が北極点に行けなかったか」が理解できた。

あの時、無理を押し通して北極点まで到達していたとしたら、おそらく北極海についてそれ以上深く掘り下げて考えるということをしなかっただろう。しかし、行けなかったからこそ「なぜ行けなかったか」を考え、当時の自分の能力や北極海の状況を、より深く認識するようになった。行けなかったからこそ、自分の力になったのだ。長い目で見れば、あの時に北極点に到達しなかったことで北極海をより深く理解することができた気がしている。

私は、北極海を自分の想像の範囲内に収めることに成功し、それを獲得した。その一方で北極海に対する未知性を失った。これまで疑問だったたくさんのことが腑《ふ》に落ち、理屈だけで知っていた海氷に発生する科学的な現象も体験を通して知ったのだ。

二〇一五年、私は三度目の北極点挑戦を心に描き、スタート地点をフライトオペレーションのあるロシア側に移して実行しようかと考えていた。しかし、どうにも前年のような燃えるほどの情熱が湧いてこない自分がそこにいた。それは、北極海に対する一種の飽きだったのかもしれない。

結局、その年の実行は中止し、やるべきことを失った。この一年間は、私にとって喪失の年だったのだ。北極海に対する情熱が失われていくような、そんな気がした。ロシア側の薄い海氷の問題も確かにあるのだが、何より自分の中で気力が湧いてこなかった。このまま三度目の北極点挑戦を行なっても、想像の範囲内の出来事を確認しに行くだけになるのではないだろうか、そんな思いがあった。おそらく、北極海に対してまだたくさんの未知はあるはずだが、この時の私にはそうは思えなかった。そうやって何もしない二〇一五年を過ごしていくうちに、その場所にジッとしている自分への嫌悪感、焦燥感に駆られ、新しい目標に向かって動きたくて堪《たま》らなくなってきた。

北極海に対する飽きとは、ひたすらに氷上移動のみに特化した手法の追求に対する飽きであると言える。二〇一二年から北極点の遠征を実施するようになると、北極という土地に交わるような旅の感覚を忘れている自分がいた。北極点に挑戦する以前、私はイヌイットの村を拠点としながら、そこに住む人々や野生動物と同じ地平に立って土地を巡る旅を自由気ままに続けていた。それは、どこかへの到達であるとか、なんとか初なんていうような誰かが決めた基準の中での旅ではなく、自分の興味や心が向くままに感動する気持ちに従った旅だった。

しばらく忘れていた、そんな気持ちを思い出した時、もう一度土地に交わるような旅をしたくなってきた。

私が長年北極に通い続ける理由はいくつかあるが、その一つに北極という土地が持っている魅力がある。

人間世界から隔絶された南極大陸と異なり、北極圏には古くから人間の生活と歴史があった。カナダやグリーンランドにはイヌイットの人々が住み、彼らの文化がある。そして、北極に未知を見出しその謎を解明するためにやってきた探検家たちの歴史がある。北極探検の歴史を繙《ひもと》いていくと、それは世界史と密接に関係していることがよく分かるのだ。少々、北極探検の歴史を振り返ってみよう。

北極探検の歴史

一五世紀末。ヨーロッパでは大航海時代を迎えていた。その頃、海洋国家として世界を支配していたのがスペインとポルトガルである。両国は、トルデシリャス条約によって新世界でのお互いの紛争を避けるため、世界の支配地域を二分していた。

当時、イギリスやオランダは海洋後発国であり、新世界との接点の望みを持ちながらも、主要な航路をスペインとポルトガルに押さえられ手が出せなかった。新航路を模索するイギリスなどは、東洋に存在する香辛料をはじめとした富を得るため、まだ手がつけられていない北回りの航路に活路を求めた。ヨーロッパからシベリア北岸を通過する「北東航路」と、北米大陸の北側を通過する「北西航路」の二つである。その両航路の探索のために、北極探検が始まるようになった。

大航海時代以降、人々を探検に向かわせた動機として「三つのG」という表現をされることがある。Gold（金）、Gospel（宗教）、Glory（名誉）の三つだ。大航海時代直後の新規航路を探検してアジアへ至る大きな動機は、経済活動だ。Gold にあたる部分である。

新規航路の探検と共に、北方での捕鯨活動も北極圏における知見を広げる役割を果たした。

しかし、多くの犠牲を伴う北極への探検も、スペインとポルトガルが弱体化していくことで、やがてその意義を失っていく。スペインの属国だったオランダの台頭、その後イギリスやフランスが世界の支配地域を巡って各地で長い戦争状態に入ることで、北極探検は必要性を失い忘れ去られていく。

北極への探検に再び目が向けられるようになるのは、時が流れて一九世紀。きっかけとなる年が一八一五年だ。この年、絶大な勢力を誇っていたフランスのナポレオンが敗北し、国外追放されることで長年の宿敵に勝利したイギリスだったが、その直後に一つの難題を抱えた。それは、戦うべき強大な敵を失ったことで、それまで増強を重ねた兵力、特に海軍将校たちに仕事がなく、それに伴い彼ら自身が出世も望めなくなったことだった。戦争の場と出世の機会を失った軍人たちの中から、長らく忘れ去られていた北極探検に目を付けた者たちが現れた。イギリスにはそれ以前から経度委員会という公式の組織があり、地球上の新たな地域に到達した者や、そのために必要な計測機器を開発した者に賞金を与える「経度法」があった。後に「近代北極探検の父」とも呼ばれる海軍省次官ジョン・バロウによる経度委員会への働きかけもあり、一八一八年には北極地域への探検を奨励する経度法改正が行なわれることで、再び北極探検が盛んになる。大航海時代以降一八世紀までの探検が三つのGに象徴される動機であったものが、一八一八年以降の北極探検には探検事業が科学の発展に繫《つな》がるという大義名分が与えられることになる。ただ、そのきっかけは海軍将校たちの失業と出世の機会創出、膨大な軍事費の使い道であったとも言える。

一九世紀にイギリスを中心に活発化した北極探検により、北西航路や北東航路の全貌が解明されていった。その中では、イギリスのフランクリン隊による一二九名全滅などの犠牲も伴った。

一九〇九年、アメリカのピアリーによる北極点初到達は、アメリカの国威発揚事業であったとも言える。当時のセオドア・ルーズベルト大統領による全面的な支援の元、アメリカの政界や経済界を巻き込んだ一大プロジェクトだった。探検事業は国家の威信を内外に示す目的をも帯びるのだ。

その時代までの探検事業とは、国家やそれに準じるような大きな組織が派遣し、大がかりな体制で臨まなくては実現できないものだった。今の時代に置き換えれば、有人宇宙探査のようなものだろう。現在の宇宙開発は民間企業も乗り出しているが、実際に宇宙空間で人間が活動するとなれば、大きな組織でロケット打ち上げを行ない、体制を組んで運用しないと実現できない。とても個人レベルでは達成できないものだ。二〇世紀初頭までの極地探検においても、現代の宇宙探査と同じ事情だったものに変化が起きたのは、二〇世紀になって加速度的に発達した航空機を利用し始めたからだ。大きな障壁だった「北極海域までの移動」が、海氷の影響を受けずに一気に飛んでいけるようになったのだ。

一〇〇年前の探検家たちは、自国で海氷の圧に耐えられる船を建造し、長い航海の末に海氷域の際まで達し、冬を越え、春になってようやく氷上を進み、数年がかりで北極点へのアプローチをしていたことを考えると、今の時代の我々は当時の探検家たちが行なっていた「数年がかり」の部分を航空機や他人に肩代わりしてもらうことで楽をさせてもらっている。もし、ピアリーの時代に海氷の際まで飛べる航空機の技術と知見があったのなら、ピアリーもわざわざ船で行かずに一気に飛んでいっただろうが、時代はそうではなかった。

ピアリーは懐古主義で船を使った訳ではなく、その時代において最善の手段として船と犬ゾリを使用したまでだ。

ノルウェーが産んだ、かの大探検家ロアルト・アムンセンは、一九二六年（ピアリー北極点到達の一七年後）に飛行船ノルゲ号で北極点上空を通過しての北極海横断飛行を成し遂げている。アムンセンのわずか三日前には、アメリカのリチャード・バードが航空機での北極点往復飛行を行なった。一九〇三年にライト兄弟が航空機による動力飛行を成功させた時は、その距離わずか数百メートルだったが、それから二三年後には、人類は北極点まで飛行するようになったのである。その進化の速さは驚くべきことだ。極地における航空機利用の歴史は、そこから始まる。

航空機の発達により、北極点や南極点ですら到達困難な場所ではなくなり、今となっては観光客がいつもの旅行の延長の気軽な感覚で、誰でも直接、航空機で乗り入れることができるようになっている。

その結果として、個人レベルでの極地探検活動が可能となった。定住するイヌイットの村でも、北極海への沿岸部でも、両極点でも、航空機での移動ができることで、かつては大きな組織で多額の費用と多くの人員を要した部分を第三者に委託できるようになった。一九七八年、植村直己さんによる世界で初めてとなる単独での北極点到達は、極地に個人で臨むという手法の象徴でもあった。

航空機の利用が前提となると、現地までの移動にかけていた労力や時間を省き、北極の一部を切り取っての氷上移動に活動が特化するようになった。二〇一四年の私自身による北極点挑戦も、その延長線上にある。ただ、氷上移動に特化した手法の先鋭化も、もはややり尽くされて行き着くところまで行ってしまっている感がある。北極点無補給単独徒歩の挑戦は、難易度や技術的な困難さという指標で言えば確かに難しく、その難しさの中に面白さがあると言える。ただそれは、北極という場所、土地の面白さとは少し違う。私が北極点の挑戦を行なう以前、重ねて訪れていたカナダ北極圏の島嶼部《とうしょぶ》やグリーンランドには、土地に歴史があった。地名に意味があり、海峡一つに物語があった。しかし北極海にはそれがない。確かにたくさんの探検家や冒険家が訪れている場所ではあるが、いざ北極海に出てしまうとその場所は緯度経度で示されるただの数字となってしまう。そこにある氷一つからは、物語を紡ぐことができない。

私が北極を訪れる時、其処彼処《そこかしこ》に歴史の息吹を感じることがある。初めて訪れる土地にイヌイットの昔の住居跡を見つけたり、伝説的な探検家たちが見ていた風景と同じものを見ているであろう実感がある。それを想像するだけで、ワクワクしてくるのだ。

北極点挑戦の後、氷上移動効率化の追求に一つの飽きを覚え始めたそんな時、頭に浮かんだのが以前からいつかは行こうと思っていた場所だった。それが、スミス海峡だ。

スミス海峡

スミス海峡を歩いて越える。それは、北極冒険の世界において、一つの憧れのような象徴的な目標だ。

スミス海峡は、カナダとデンマーク領グリーンランドを六〇㎞ほどの距離で隔てる国境としての地理的な存在だけでなく、古くから北極探検の多くの歴史に登場する場所である。私には、そんな伝説的な土地をいつかは自分の足で歩いてみたいという憧れがあった。

人類初の北極点到達を行なったアメリカのロバート・ピアリーは、スミス海峡を北上したその先から北極点への犬ゾリ行を行なっている。ピアリー以外にも、ラスムセンやスベルドラップといった伝説的な探検家たちが活躍した舞台として、たくさんの本の中に著される地名に心躍り、その地が果たしてどんな場所なのか、まるでブロードウェイミュージカルに憧れる少年がその舞台に立つことを夢見るように、まだ見ぬ北極の地へと長年の想像を働かせていた。

北極点挑戦という移動と到達への効率化を追求した行為から、土地に交わり未知と出合う感動を求めるような旅を希求した私は、二〇一六年の目標をカナダ最北の集落グリスフィヨルドから、グリーンランド最北のシオラパルクまで一人で踏破することに決めた。

だが、その最大の障壁となるスミス海峡を歩いて越えるには、海峡全体が完全に結氷する必要があるのだが、その条件が近年は整い難くなっている。地球温暖化に伴う環境変化の影響もあり、北極圏全域にわたって海氷減少が著しいが、スミス海峡にあってもそれは全くの例外ではない。それどころか、近年の海氷減少が他の地域よりも顕著であるとも言えた。カナダとグリーンランドの国境にあたる海峡全体が、近年は結氷することが少なくなっており、海峡を渡りたくても渡れないことが多くなっている。

カナダとグリーンランドに挟まれた細い海峡全体をネアズ海峡と呼び、その南側で砂時計の砂を排出するくびれのように二つの国の陸地で東西に狭くなった箇所をスミス海峡と呼ぶ。ネアズ海峡は北に進むと北極海に通じ、南に下るとグリーンランド西岸の大西洋に通じるバフィン湾となる。

ネアズ海峡には、夏の間に北極海から海流が南下してくる際、北極海に漂うたくさんの群氷も一緒に運ばれ、南のバフィン湾へと流れていく。秋、次第に気温が下がり海峡にもうっすらと氷が張り始めると、次第に海氷南下の流れも滞るようになる。すると、ちょうど砂時計の砂がくびれで詰まって落下が止まるように、ネアズ海峡の南端である細いスミス海峡で北から流れてくる海氷が詰まり、やがてそのまま海峡全体の氷の動きが止まって全面結氷に至る。スミス海峡が凍った様子を衛星写真で見ると、ちょうどアーチ状の氷の橋が二つの国を跨《また》いでいるように見える。昔のイヌイットたちは、この凍結したスミス海峡を渡って、カナダ側からグリーンランド側へ移動していったと考えられている。

ネアズ海峡を北から南下していく北極海由来の海流がある一方、南のバフィン湾からは北上しようとする海流があり、南北二つの海の潮汐《ちょうせき》が細いスミス海峡で出合うと、急激な干満差を発生させる。

ピアリーは、この付近の潮の干満差についてこのように記録している。

「極海沿岸での平均潮昇がわずか一フィート（三〇㎝）強であるのに対し、この海峡の最も狭い部分では潮は一二ないし一四フィート（三・七〜四・三m）昇降する」

二つの海流が出合うことで、大きな干満差が生まれる。春に気温が上がり海氷が緩み始めると、この力の均衡が崩れ、詰まった砂時計が再び動き出すようにスミス海峡の海氷は南に向けて一気に崩壊して流れていく。

それがこれまで長年起きていた現象なのだが、近年はスミス海峡でうまく海氷が止まらず、冬の間もずっと海氷が流れ続けて結氷しないまま夏を迎えることが多くなっている。

そもそもしっかりと海峡が凍結してくれないと渡ることはできないのだが、スミス海峡を渡るために注意するべきは、一度結氷した氷が春になりいつ崩壊するか分からない点にある。

もしも、海峡横断中に海氷の崩壊が始まれば一巻の終わりだ。助かる手段はゼロである。スミス海峡を越える時には、いつ、どこを渡るかを綿密に考えておく必要があった。

それを知るために、私は過去一〇年以上にわたって溜《た》めている海氷の衛星写真を観察し続けた。どのような理由で結氷し、いつ解氷するのか。どの辺りから氷が崩壊し始めるのか、そして最近の結氷状況はどうなっているか、徹底的に観察した。

データを読み取り、今年はスミス海峡を渡れると判断した私は、二〇一六年三月一〇日、カナダに向けて出発した。

イヌイットの小集落

グリーンランドへの出発地となるカナダ最北の集落が、人口一〇〇名余りのグリスフィヨルドである。

一八九九年から一九〇三年にかけてこの地を広く探検したノルウェー人探検家オットー・スベルドラップは、四年間の旅で地図の空白地に新しい海岸線や地形を多く書き込んだ。探検家が地理的な未知を明らかにする探検ができた時代だ。その探検の最中に名付けたフィヨルド（氷河が削った谷地形）の一つがグリスフィヨルドである。グリス、とはノルウェー語で「豚」を意味し、スベルドラップが訪れた際にたくさんのセイウチが群れており、その姿や鳴き声が豚のようだったので、豚のフィヨルド、という意味で名付けたという。

その当時は無人だった土地に先住民イヌイットの小さな集落ができたのは一九五三年のことだ。しかし、その集落形成の歴史は、文化や民族的な華やかさとは程遠い、政治に翻弄《ほんろう》された先住民たちの歴史そのものだ。

時は米ソの東西冷戦真《ま》っ只中《ただなか》。我々が普段見慣れている世界地図では理解し難いが、地球儀で確認すれば一目瞭然の事実が、米ソが最短距離で向き合う最前線こそ北極海であったということだ。イヌイットの人々にとって、アメリカとソ連の対立など本来無関係のはずなのだが、その地理的な条件によって「冷戦最前線」に住む人々も少なからず影響を受け始める。

冷戦時、現在のグリスフィヨルドの村があるエルズミア島はカナダ最北端に位置する島であり、北極海を越えた先にはソ連、ほんの数十km隣にはデンマーク領グリーンランドと国境を接するという地理条件でありながら、その過酷な環境もあって定住するイヌイットもなく、集落が発達することもない巨大な無人島だった。

カナダ政府は国境に接する島が無人島であることを政治的に危惧《きぐ》し、カナダ人が住む新たな村をつくることを決めた。そこで南の地域に住んでいたイヌイットの八家族に対し、生活の保障を条件に移住を求め、半ば強引に船に乗せて連れていった先がエルズミア島だった。

そこでイヌイットの八家族が見たものは、生活のために約束されていた住居も、狩猟のための情報も何一つ用意されていない現実だったという。彼らの生活は当然のことながら過酷を極めた。それまで住んでいた地域よりもさらに厳しい気候の中、狩猟対象になる動物の生態も異なる見知らぬ土地に放り出されたイヌイットたちは、それでもなんとか生き延び、一九六二年になってようやく政府が建築家屋による住居の提供を開始し、グリスフィヨルドの村ができた。

一九九六年、カナダ政府はその時のイヌイットの生存者たちに対して金銭による補償を行なっている。一九九九年にはカナダ北部のほとんどを占めていた北西準州が分轄され、新たにイヌイットの人々が自治を行なうヌナブト準州がカナダ三番目の準州として生まれた。ヌナブトとは、イヌイットの人々の言葉で「我々の大地」を意味する。先住民イヌイットたちは、諸外国の先住民と同じように厳しい同化政策や迫害を受けながらも、世界有数の過酷な土地で生き続け、やがて自治を獲得していった民族である。

二〇一六年三月二六日。カナダからグリーンランドまで一人で踏破する計画のため、私はグリスフィヨルドに入った。二〇〇二年に初めての単独行で、隣村のレゾリュートから二四日かけて五〇〇km を歩いた時以来だ。

背後に急峻《きゅうしゅん》な崖を構えた海岸線に、人家が寄り集まるようにしてグリスフィヨルドの村がある。

小さな村の存在を見逃せば、そこはどこまでも無人の荒涼とした海岸線でしかない。

レゾリュートから週に二回行き来するツインオッターで約二時間。私以外の乗客は一人だけ。グリスフィヨルドに住むイヌイット女性だった。機内は耳をつんざくようなエンジン音で会話もままならないが、その女性とお互いの耳元で大声で叫ぶように会話を交わす。

「あなたどこから来たの？　何しに行くの？」

「日本からです。グリスフィヨルドからグリーンランドまで一人で歩こうと思って」

そう言うと、彼女は目を丸くして聞き返してきた。

「あなた勇気があるわね。うちの夫はハンターでルートにも詳しいから、いろいろ教えてあげられるわよ」

私は「ぜひ教えてもらいたい」と答えて、彼女の名前と自宅の電話番号をノートに控えた。


グリスフィヨルドの小さな村が真下に見えると、舗装されていない砂利の滑走路にツインオッターが滑り込むように降り立った。滑走路横の簡素な待合小屋の周囲に村の人々が一〇人ほど集まっているのが見えた。同じ飛行機でレゾリュート、またはさらに南へと向かう人々や、運ばれてきた生活物資を運ぶために待機している人々だろう。私は目を凝らして私を待っていてくれるはずの人物の姿を探した。

カナダ最北の集落グリスフィヨルド

いつも世話になっているレゾリュートの知人に紹介してもらったグリスフィヨルドに住むイヌイットに、出発までの細々した面倒を見てもらうことになっていた。ここでは一軒の空き家を借りて最終準備を行なう予定だ。

ツインオッターが小屋のすぐ横でエンジンを停止させると、人々が機体の近くに集まってくる。外から機体後部のドアが開けられ、手荷物を持って外に出る。村の少し小高い位置にある滑走路からは、遠くまで凍結した海が見渡せた。一人で歩いてきた一四年前にも見た懐かしい光景だな、と辺りを見渡して感慨に耽っていた。

週二回やってくるツインオッターは、人の行き来を行なうだけでなく、村に食料品をはじめとした生活物資や郵便物を運ぶ、なくてはならない存在だ。この地域の人たちは、定期便の飛行機が飛んでくることを心待ちにしているところがある。天気が荒れて吹雪《ふぶき》が何日も続くと、飛行機が飛ばずに村の小さな商店から生活物資が消えてしまう。イヌイットの村で彼らと生活していると、定期便の飛行機のエンジンが聞こえると「飛行機が来た！」と、自分が乗る訳でも誰かを待っている訳でもないのに、とりあえずテンションが上がるものだ。

私の遠征用のソリをツインオッターから下ろす。レゾリュートでいくらかのパッキングを済ませてあるため、手荷物以外は全てソリに積んでいた。

自分のソリをツインオッターから小屋の前に移動させていると「オギタ？」と声をかけてくるイ

ヌイットがいた。

「オギタです。あなた、ジョアルー？」

私が答えて聞き返すと「そうだ」という答え。彼が紹介してもらったジョアルーだった。眼鏡をかけた細身のイヌイット男性で年の頃は四〇歳くらいか。ニッと笑うと前歯が欠けて申し訳程度にしか残っていない。肌は浅黒く焼けていて、イヌイットのハンターらしい風貌だ。

「よく来たな、荷物はこのソリだけかい？　家に運んであげるよ」

そう言ってソリを引きずり、スノーモービルの後ろからロープを取り、ソリの引き手に繋いだ。村の道は砂利道だが、この時期は雪に覆われているのでスノーモービルでソリを引いていっても壊れる心配はない。

彼は「後ろに乗りな」と私を促し、スノーモービルを操縦するジョアルーの背後に私が跨《また》がると、ゆっくり村の中を走りながら、借りる予定の空き家に向かった。一四年前、自分にとって初めての一人での長い徒歩冒険行の時、ここがゴールだった。今年はここがスタートになる。懐かしさが込み上げてきた。

人口一〇〇人余りの小さな村である。歩いても二〇分ほどで一周できてしまうくらいだ。すぐに借りる空き家に着いた。

この地域の家の多くは、ツンドラの上に建つために高床式になっている。玄関に上がる五段ほどの階段の脇にソリを置き、家の中をジョアルーに案内してもらった。最近まで誰か住んでいたのか、キッチンには使いかけのジャムやマーマレードの瓶がそのまま置かれている。電気は使えるが水は出ない。ジョアルーの自宅はすぐ隣なので、水やトイレはうちのを使えと言ってくれた。昨日から暖房も動かしてくれていて、家の中は暖まっていた。ありがたい。

「何かあればいつでもおいで。仕事で外に出ていても息子がいるから、家はいつでも開いてるよ」

帰り際のジョアルーを呼び止めて、機内で会ったイヌイット女性はどこに住んでいるかを尋ねると、この空き家からジョアルーの家を挟んでさらに隣の家らしい。「彼女は俺の叔母だよ」と言う。イヌイットの小集落では、村中みんな親戚みたいなもので、こういう会話はよくあるものだ。

一九七五年、植村直己さんによる「北極圏一万二〇〇〇キロ」の際、植村さんは一人で犬ゾリを操り、シオラパルクからスミス海峡を渡り、グリスフィヨルドまでやってきている。また、その前年の一九七四年には、日本テレビのドキュメンタリー番組「驚異の世界、氷河期の村シリーズ」において大昔のイヌイットがカナダからグリーンランドへ渡った移動経路である「オールドエスキモーの道」を逆に辿《たど》るために、シオラパルクからスミス海峡を越えてグリスフィヨルドへイヌイットが操る犬ゾリで渡っている。この時期、二年続けて日本人がスミス海峡を渡っているのだ。

植村さんと日本テレビの撮影隊は、シオラパルクからグリスフィヨルドという、今回の私と真逆の方向から来ている訳だが、私がシオラパルクまでに取るルートはこの二チームのものとは全く異なる。

植村さん、日本テレビ撮影隊は共にシオラパルクを出発してスミス海峡を渡った後、カナダ側のエルズミア島東岸に沿って海岸線を南下してグリスフィヨルドにやってきた。海岸線を通るルートは、海氷も平らで進みやすいのだが、最近はこの辺りの海氷も凍りにくく、今では通ることはできない。そのため、私はスミス海峡に出るまでエルズミア島の内陸を越えていくことを考えていた。エルズミア島にはたくさんの山や氷河が存在し、かなり起伏に富んだ地形のため、どのルートを通るべきかが問題だった。そして、それらの情報を持っているのはグリスフィヨルドのイヌイットたちなのだ。

それにしても、一九七〇年代から八〇年代にかけては日本人による北極探検が盛んな時代だった。テレビのドキュメンタリー番組も、近年のバラエティ風味の海外紀行番組ではない、骨太の探検を命がけで行なったものを世界の姿として放送していた。日本テレビ撮影隊はシオラパルクのイヌイット四名と撮影スタッフ四名の編成だった。撮影スタッフもまた、プロフェッショナルが揃《そろ》っていた。日本テレビのカメラマンとして参加していたのが、中村進さんである。中村さんは日本大学山岳部の出身で、この四年後の一九七八年には日本人として初めての北極点到達を果たした日本大学隊に撮影担当として同行し、植村直己さんの北極点到達にわずか一日先んじることで、北極点日本人初到達者の一人となった。八〇年代の北極圏においては、日本人の遠征隊は日本大学山岳部出身者が活躍し牽引《けんいん》していた時代だった。中村進さんはその後、一九八八年には日本テレビによる世界最高峰エベレスト山頂からの衛星生中継という、世界初の試みを行なった。一九九四年には南極点までをスキーで踏破した中村さんは、日本人として初めて地球の三極点とも呼ばれる「北極点、エベレスト山頂、南極点」に人力での到達を果たした。しかし二〇〇八年、中村さんはヒマラヤの高峰クーラカンリ登頂を目指す途上、雪崩《なだれ》で還らぬ人となった。

難所へのアドバイス

私は持ってきた荷物の中から、イヌイットへのお土産として用意していた北海道名物「白い恋人」の箱をいくつか取り出した。まずは隣のジョアルーのところへ行ってお土産を渡し、さらに機内で会った女性の家へ向かった。

「ハロー」と声をかけて家のドアを開ける。大抵は最初のドアを開けると二m四方くらいの空間になっており、工具や狩猟の道具、ビニール袋に入った動物の肉などが冷やして置かれてある。屋外が天然冷凍庫なら、この空間は天然冷蔵庫といったところだ。その空間の匂いはイヌイットの家屋独特で、凍った動物の肉や使い込まれた道具に染みついた獣脂の匂いが充満している。これを嗅ぐと、北極に来たな、という感じがする。そしてもう一つのドアを開けると、その先が住居というのがよくある家の造りだ。

家には機内で一緒だったイヌイットの女性、ミカがいた。年齢は五〇代くらいか、小柄で綺麗《きれい》な人だ。「いらっしゃい。早かったわね。彼が夫のチャーリーよ」と笑って紹介してくれた。チャーリーは六〇歳くらいの恰幅《かっぷく》のいい優しそうなイヌイットのおじさんだ。

「今この二軒隣の空き家を借りてて、ジョアルーに面倒見てもらっているんだ」

そう話すとミカは、「彼は私の甥《おい》っ子なのよ」と、ジョアルーと同じ説明をした。

ミカとチャーリーにお土産の「白い恋人」を手渡す。「日本の有名なクッキーだ」と説明すると「これは美味《うま》い」と次々に袋を開けて食べてくれた。箱の中に入っていた他商品の案内を指差して「次に来る時はこれを持ってきてくれよ」とお願いされる。次はバウムクーヘンを食べたいとのことだった。イヌイットは甘いものが大好きだ。紅茶やコーヒーも、スプーンで何杯も砂糖を入れて飲むことが多い。その代わり、辛いものや熱々のスープなどは苦手だ。以前、日本で市販されているカレールーを使ってイヌイットにカレーを振る舞ったことがある。甘口を持ってきたのだが「美味しいけど辛い」と言ってあまりたくさん食べてもらえなかった覚えがある。

グリスフィヨルドからスミス海峡までエルズミア島の内陸を越えていく場合、最大の難所となるのが全ルートの中間地点にあたる「スベルドラップパス」という名の細い谷間だった。ここは、グリスフィヨルドを名付けたオットー・スベルドラップが探検した際に通過した深い谷で、そのまま谷にスベルドラップの名が残った。難所である理由の一つが、夏には雪解け水が激流となるようなとても細く深い谷であるため、地形の変化が激しいということだ。細く深い谷が数十㎞続き、今でも通過できる状況なのかは分からなかった。私はチャーリーにスベルドラップパスのことを聞いてみた。

「今から一〇年以上前に行ったけど、途中に五mくらいの垂直な凍った滝があったり、スノーモービル一台も通れないような狭い箇所があったりして、谷底は通過できなかったので、途中から谷を逸れて大回りしてスベルドラップパスの向こうに出たな」

と言う。そもそもスベルドラップパスに行くことすらグリスフィヨルドのイヌイットでも稀《まれ》なのだが、ベテランハンターのチャーリーは偶然スベルドラップパスに行った経験があった。

「あそこはとにかく風が強くて、時々石が飛んでくることがある。それでテントが破られたり、怪我もするから気をつけたほうがいい」

グリスフィヨルドに来る前、イカルイットというヌナブト準州の州都の町で準備を行なっていたのだが、そこに住む私の友人の冒険家マッティ・マクネアからもアドバイスをもらっていた。マッティは二〇年以上前に、チームでの犬ゾリ行でスベルドラップパスを通過した経験があった。その時の写真も見せてもらったのだが、一台の犬ゾリをみんなで押して氷の壁の上まで持ち上げている様子や、幅一mほどの深い谷底を犬ゾリで走っていく様子が写されていた。チャーリーから聞いた話は、マッティからの話と全体像がほぼ一致するものであり、私の中でスベルドラップパスに対してのイメージが固まってきた。

「最近、誰かスベルドラップパスに行った人って知ってますか？」

私は最近の状況を知りたいと思いチャーリーに尋ねてみた。

「いやあ、最近はいないはずだよ。あんなところまで行くことはないからね」

マッティの話は二〇年以上前。チャーリーの情報も一〇年以上前である。しかも、チャーリーはスベルドラップパスの最も深い場所を通過できていないため、今の状況がどうなっているかは、行かなくては分からないということだ。

チャーリーからは、グリスフィヨルドからスベルドラップパスに辿り着くまでのルートに関しても情報をもらった。ただ、今のイヌイットたちはスノーモービルでの移動であるため、私のようにソリを引いて自力で歩くスタイルとは行動も選択するルートも異なる。スノーモービルでは、かなりの標高差も苦にならないが、自力だとそうはいかない。私はチャーリーからルートの様子を聞きながら地図を眺め、ソリを引いてその場所が通れるかどうか？　ということを想像した。

チャーリーと話す横で、ミカが肉の塊をナイフでスライスしながら何か作業をしている。

「それは、何をやっているの?」と聞くと、「カリブー(トナカイ)の干し肉をつくっているのよ」と言う。

丸い不思議な家電製品の蓋《ふた》を開け、その中にスライスしたカリブーの肉を並べている。どうやら、この機械で肉を乾燥させることができるらしい。

「私の家族はみんなカリブーの干し肉が大好きで、おやつ代わりにたくさん食べるから、私もたくさんつくっておかないといけないのよ」

私もカリブーの肉は大好きだ。グリスフィヨルドのイヌイットはアザラシも捕るが、特にカリブーをよく食べる。凍ったカリブー肉を薄く切ってそのまま口に入れると、溶けて口いっぱいに肉の旨味が広がるのだ。

なぜ冒険するのか?

ジョアルーからもルートのアドバイスをもらい、スベルドラップパスまでのルートを決めた。何度か島越えをして海に出ることを繰り返す必要があるため、極力高低差が少なく、かつ遠回りにならないように、地図から地形を読んでいく。そんな時に役に立つのが、過去の経験だ。まだ行っていない場所の状況を想像するためには、想像する材料が必要になる。この辺りの地図は二五万分の一と縮尺が大きく、地形が読み取りにくいものしか存在していない。昔、北磁極を目指してバサースト島を横断した時の地形はあんな様子だったな、であればエルズミア島の地形と地図の等高線から考えると、きっとこういう状況だろう。そうやって想像していく。それが合っているとは限らないが、あとは行ってから現場で対応するしかない。

私は今回、日本を出るまでカナダ側のルートに関しては何の下調べもしなかった。海氷の傾向や危険な場所はすでに頭に入っている。イカルイットでマッティから情報を聞き、そしてここでイヌイットから話を聞く、それだけだ。あまりこと細かに調べすぎても面白くない。スベルドラップパスであれば、一〇年、二〇年前に通った人がいて、その時は通れたが今はどうなっているか分からない。その程度で充分だ。一〇〇年前にスベルドラップが探検した際には、そこが通れるかどうかも分からず、完全な未知の世界に乗り込んでいたのだから、それに比べれば私のやっていることなどお遊びみたいなものだ。

スベルドラップパスのような象徴的な場所というのは、時々誰かが行っておく必要がある。一〇年おきでも誰かが足を踏み入れ、場所の記録を残すことで後に誰かの役に立つかもしれない。たくさんの氷河が入り組む地域でもあるため、氷河の末端がどの辺りまで達しているか、その写真を残しておくだけでも後の世に有効な科学的データとなるかもしれない。

すでに前人未踏や未知の世界など地球上に残されていないと言われて久しいが、その通りである。

スベルドラップやピアリーたちは、それが探検的な使命感か個人的な自己顕示欲であるかにかかわらず、未知の世界を明らかにしてきた。いずれにしろその当時は、世界は未知に溢《あふ》れており、そんな探検家たちを受け入れる余地が地球上にはあった。それを時々羨《うらや》ましく思うこともある。今私たちは、過去の探検家たちの行為を、手を替え品を替え、看板を挿《す》げ替えながら、重箱の隅を突《つつ》いているだけだ。しかしだ。スベルドラップ以前にこの地を旅したイヌイットは間違いなくいて、そこを生活の場としていた人たちもいただろう。

未知とは、誰にとっての未知なのか？　自然は人間の尺度からは呆《あき》れるほど長い時間をかけて変化しながら、常にそこにある。生活の場としていたイヌイットであろうが、伝説的な探検家たちであろうが、我々であろうが、そこにある北極の自然の前では各々《おのおの》の人生を賭けるか一時的に通り過ぎるかの違いがあるだけの訪問者に過ぎない。未知とは所詮、訪問者それぞれの未知でしかない。他の誰かにとっては既知の事実でも、自分にとって未知であれば大いに価値を感じることができる。人間一人ひとりのそんな営みの連続の中から、やがて人類としての未知を明らかにする機会が生まれ、それが人間の可能性を押し拡げてきたのではないだろうか。

社会的に無意味な行為と思われるものでも、それが個人的にも無価値である訳ではない。社会とは個人の集合体であるからには、一見すると無意味な行為も、個人の価値を追求していくことで、やがて伝播波及する力を得て、その行為の後に社会的な意味が与えられる瞬間が訪れるはずだ。意味は行為の前に存在しているのではなく、行為の後に見出されるものであり、我々のような冒険者は「なぜ冒険するのか」という問いに対して「やりたいからやるんだ」としか答えられない。それは、行為の後に対自分自身であろうと対社会であろうと、いずれかの意味を見出されることを固く信じているからこそ、今この瞬間に刹那的《せつなてき》な意味を求めないのだ。心が動く、だから冒険する。それでいい。やる前に四の五の言うな、やってみれば分かるから。それをエゴと呼ぶか矜持《きょうじ》と呼ぶかは紙一重の差でしかない。

グリスフィヨルドの子供たち

三月三〇日。グリーンランド最北の集落であるシオラパルクを目指して出発の日。

ソリには五〇日分の物資を用意した。本来はもう少し早い時期に出発するつもりだったのだが、日本での準備などに手間取って遅くなってしまった。あまりのんびりしていると、スミス海峡の氷が心配になる。

今日出発することは隣のジョアルーには伝えていたが、出発の挨拶に家に行くとすでに仕事へ出てしまっているようだった。

チャーリーとミカにも出発することを伝えに行くと、チャーリーは「記念に」と言って私の写真を撮ってくれた。

「そのソリは重いのか？　どれくらいだ？」

そう言ってチャーリーがソリを持ち上げてみると「こりゃ重いな。君はタフだな」と笑って私の肩を叩《たた》いた。

ほんの数日の滞在だったが、久しぶりにイヌイットの集落での生活で、北極点挑戦の時のような精神がキリキリする緊迫感ではない、人の温かさと楽しさを感じていた。あまりのんびりすると、人心地がついて出発できなくなってしまう。

午前一〇時過ぎ、チャーリーに見送られて出発。村の中をソリを引いて海岸線に出た。

村の学校の前を通りかかった時だった。建物の中から女性が出てきて、私に声をかけて手招きしている。「どこ行くの？」と大きな声で叫んでいるので「グリーンランドまで！」と返答した。すると、慌てた様子で建物の中に戻った女性がすぐに、生徒であろう子供たちをたくさん連れて出てきた。私も学校の前までソリを引いて移動した。

「あなた、一人でグリーンランドまで行く気なの？」

「そうだよ、昔はレゾリュートからここまで歩いてきたこともあるよ」

そう言うと、先生と見られるその女性は子供たちを見渡しながら驚いた様子でさらに訊《たず》ねてくる。

「凄《すご》いわね、あなた。何日かかるの？」

グリスフィヨルドの子供たち

「四五日くらいじゃないかな。五〇日分の食料は持っているよ」

「ポーラーベアがたくさんいるわよ。銃は持っているの？」

「持っているよ」

この建物は村に唯一ある学校で、小学校から中学校までが併設されているそうだ。子供たちは、私と先生のやりとりを聞いて何か言いたげである。中学生くらいの一人の女の子が口を開いた。

「怖くないの？」

「怖いよ。でも、今までもたくさん怖い思いをして経験を積んできたから、大丈夫」

「あなた、勇気があるのね」

先生が「気をつけて、良い旅を」と締め、みんなで記念写真を撮って子供たちは建物へ戻った。

イヌイットとはいえ、彼らは先進国のカナダ人として学校に通い、仕事を持ち、家庭を持ち、南の人々と遜色《そんしょく》ない生活をしている。動物を狩りにも行くが、専業のハンターという人はもういないと言ってもいいだろう。ジョアルーもチャーリーもハンターではあるが、平日は村の中で仕事を持っている。家を持ち、自動車を持ち、今ではほとんどの人が携帯電話を持っている。チャーリーの家では、孫がソファに寝転んでスマートフォンで動画サイトを見ていた。

当然、現金がなければ生活できない。狩りをやっても現金にはならないのだ。ツインオッターで空輸されてくるパック詰めされた肉は高くて、しかも美味しくない。狩りに行けば、そうした肉よりも安全で食べ慣れた、断然美味しい動物の肉が手に入るのだが、それでは現代の生活は維持できない。イヌイットの大人の中には「子供たちが狩りに行かない」と嘆く者もいるが、それは仕方ないかもしれない。狩りをしなければ生活できないという時代ではなく、言ってしまえばその逆だ。グリスフィヨルドの若者たちも都会の若者と同じように流行を知りたいし、あえて必要性も感じられない厳しいことをやろうとは思わなくても不思議ではない。

中学を出て、高校生になると南の大きな町の学校へ寄宿しながら通う。やがて大人になり、都会に出ていく者もいるが、人口一〇〇人規模の村で生まれ育った常識と、大都会の速度の違いについていけず、故郷に帰ってくる者もいる。そんな若者たちはどこか冷めた目で、やる気を失い、そうやって自殺をしたイヌイットの若者も何人か知っている。自殺をしないまでも、薬物依存症やアルコール依存症で警察に目をつけられる常連となり、留置所と自宅を何往復もする者もいる。

グリスフィヨルドの子供たちは、私のような人間を見て何と思っただろうか。

学校から海岸線に戻ると、ジョアルーが村のほうから笑顔で手を振りながら歩いてきてくれた。

「仕事場がすぐそこだから、そろそろ出発かと思って窓の外を見ていたんだよ」

最後にお礼と挨拶を交わし、二人で写真を撮った。前歯はないが、優しい男だ。

「準備は整ったかい？　困ったことはない？」

そう聞いてくるので「大丈夫。準備万端だよ、ありがとう」と答えて握手をした。

「またいつか会おう」

そう声をかけるとジョアルーは、

「気をつけて。グリーンランドに着いたら電話してくれ」

そう言って村に戻っていった。

さあ、ここからは一人旅の始まりだ。

「絶対そこには行くな」

グリスフィヨルドの村は、同じ名前のフィヨルドの出口にある。村を出ると、切り立ったフィヨルドの奥に向かって進んでいく。四〇kmほどでフィヨルドの行き止まりとなり、突き当たりの河に上陸して最初の島越えが待っている。三〇kmほど谷間を登ると、標高一〇〇〇mの場所にある氷冠から分岐して流れ出ている氷河上をトラバースし、そこから河を六〇kmほど下ると海に出る。その河口近くにグリスフィヨルドのハンターたちが狩猟で使う小屋があるということだ。まずはその小屋までの一三〇kmが最初の目標になるだろう。

フィヨルドの入り口に向かって進んでいくと、次第に村の姿が小さくなっていく。時々振り返り、まだ人間の生活が見えていることを何度も確認する自分がいる。自動車が走り、犬の鳴き声が聞こえる。またここに戻ってくる日はいつになるのかな、そんな想像を働かせながら、何度も振り返る。心のどこかに寂しさや不安感があるのだろうか。イヌイットの友人たちの優しさが余計に沁《し》みる。フィヨルドの入り口にあたる岬を回り込むと、もう村は見えなくなる。ここから先は人間の世界から離れていくばかりだ。

北極点を目指した二年前と同様、最初は「ゆっくりゆっくり」と声に出し、意識的にペースを抑えていく。長い旅だ、焦っても仕方ない。

初日は一五kmほど進み、フィヨルド内の平坦な海氷上にテントを張った。

イヌイットの人々が狩猟に出る範囲の目安は、村を拠点に概ね半径二〇〇kmほどだと言われる。グリスフィヨルドの村から北上し氷河を越え、向こう側の海峡に出るまでの一三〇kmは彼らの行動範囲だ。島越えのルートはチャーリーやジョアルーに地図上で確認しておいた。

私はこれまでの北極での遠征では、現地のイヌイットの情報をかなり参考にして歩いてきた。北極海と異なり、地形が複雑に入り組む島嶼部ならではの難しさと危険が存在している。イヌイットの行動圏であれば、彼らに海氷状況や危険箇所を尋ねることが最大の危険回避方法である。

島嶼部で最も恐ろしいのは、ポリニアと呼ばれる海氷の不凍結地域だ。発生要因は様々だが、例えば細く流れの強い海峡があるとその表面の海氷はなかなか凍結しない。また、海流が複雑に交わるような場所では、積もって硬く締まった雪面の下にあるはずの海氷が先に溶け始め、春先になって下の氷は溶けているがその上の雪だけ残っているような場所もある。一見すると、真っ平らな氷原のようだが、迂闊《うかつ》に入り込むと残った雪を踏み抜いて落水する。まるで落とし穴だ。そのような場所は海流が速いため、落水すると強い海流によって氷の下に体が引きずり込まれる。特に視界の悪い時など、それを目視で察知する方法はない。地形を読み、事前に情報を得て知っておくしかないのだ。

この前年、レゾリュートの北側に発生したポリニアで、二人のオランダ人冒険家が落水して死亡する事故が起きていた。レゾリュートの北にあるペニー海峡が事故現場だった。二人のオランダ人はそれぞれ一台ずつソリを引き、レゾリュートから北磁極を目指していた。現場の様子から、まず一人が足元を踏み抜き落水し、助けに向かったもう一人も落ちたと見られる。二番目に落ちた人物が発信した救難信号をレゾリュートの警察が受け取り、捜索の飛行機を飛ばしたところ、彼らのソリだけが氷上に残され、その脇には連れていた一頭の犬が座っていたという。一人の遺体はすぐに発見されたが、もう一人は結局見つからなかった。海氷の下に引きずり込まれ、流されたと思われる。彼らは海氷の調査研究をテーマとした旅を行ないながら、北磁極の近くまで行く計画だったようだ。彼らのレポートを見ると、ポリニアも調査対象だったようであるが、どの程度の見識があったかは分からない。事故前日、衛星電話での交信による彼らからの最後の言葉は「我々は薄い海氷の前にいて非常に興味深い場所だ。行けるようなら調査に行ってみる」というものだった。

この二人のことは事故後に知ったが、後から調べてみると初めからペニー海峡を北上して北磁極へ行く予定だったようである。彼らが落水して死亡したペニー海峡のポリニアは、この地域を旅する私にとってはよく知っていた危険箇所だった。私もかつて、北磁極を目指した時にその近くを歩いたことがある。レゾリュートから北磁極を目指す際に、地図を眺めているとペニー海峡は近道に見えて通りたくなるが、そこが危険な場所であることを理解していた私はペニー海峡を通らず、より行程の厳しいバサースト島越えを選択して北磁極へ向かった。オランダ人の事故の話を聞き、現場がペニー海峡だったことを知った時には、事故が起きたことは意外な事実ではなく、そこに行けば落ちるのは仕方ないよ、という感想だった。もし、私が彼らの計画を事前に知っていて、助言できる立場にいたとしたら「絶対そこには行くな」と言っていただろう。

彼らの経歴を見ると、研究目的で北極海での滞在や南極での滞在はあるようだったが、そのような場所とカナダ北極圏の島嶼部で発生するポリニアの特性は別物だ。ポリニアは昔からそこに存在している。一言で表せば、彼らは行ってはいけない場所に行ってしまったということだ。果たして彼らがどれほどの助言を現地の人から受け、どれだけの事前調査を行なっていたのかは分からないが、非常に悔やまれる。

未知への喜び

出発から三日目にフィヨルドの突き当たりから上陸した。出発直後で重いソリを引きながら、ゆっくりと川底の斜面を登っていく。

エルズミア島にはたくさんの氷冠がある。降り積もった雪が数千、数万年の長い年月を経て分厚い氷に変化した氷体が、いくつもの山や谷を飲み込み、さながら山脈が氷の冠を被ったような巨大な氷河だ。氷冠からは冷えた空気が谷筋を吹き降りてくるため、登っていく私の体を冷たい風が激しく叩く。ゴーグルとフェイスマスクでがっちり防御し、向かい風に逆らうように谷を進んだ。

急勾配《きゅうこうばい》を登り、次第に標高を上げていくと、谷筋から背後に見えてくる景色に山の上からの様相を覚える。陽の光を浴びていくつかの氷河が照り返している。かつては今以上に氷冠が大きく発達していたことを思わせるような、山頂部まで削り取られた尖峰《せんぽう》がいくつも見えた。美しい。谷に切り立つ岩壁からは、何億年前か何百万年前なのか知らないが、きっと海の底だった時代の堆積層の地層から、石が剥《は》がれるようにコロコロ落ちてきて谷底に溜まっていく。呆《あき》れるほどの時間を経て、ここもまた海に沈むのか、砂漠にでも生まれ変わるのか、または森林地帯にでもなるのだろう。そう言えば、数年前にこのエルズミア島で三五〇万年前のラクダの祖先の骨が発掘されたという報道があった。今は極寒のこの土地も、かつてはラクダが住む土地だったということだ。当時は森があったらしい。

標高五〇〇mほどまで登ると、狭い谷を埋め尽くす氷河の巨大な氷体が目の前に現れた。谷の奥から餅か何かが押し出されてくるように、山の上の大きな氷冠から氷が谷筋を下ってきているのだ。こうやって見ると、個体の氷でできた氷河は「流体」なのだと理解できる。

氷河の末端までやってくると、周囲のモレーン（氷河堆積層）の様子を観察した。土砂の堆積の様子から、かつては氷河の末端がもっと長く下り、延びていたことが分かる。チャーリーは、この氷河も以前はもっと氷体が大きく傾斜もあったが、最近は随分小さくなったと言っていた。

氷河の末端からはスキーを外し、氷の塊を登り始める。末端部はかなりの急傾斜だ。四つん這《ば》いになって、氷河に積もった雪面にブーツを大きく蹴り込み、一歩ずつ力を込めてソリを引き上げていった。途中で休むと、ソリが落ちていくのを必死に堪《こら》えないといけない。立っていてはソリを引き上げられない。四つん這いだ。だが、一〇分ほど経《た》つと踏ん張る足が疲労でプルプルしてくる。あまりにも疲れるのでソリを斜面に対して横向きにし、ソリの下に自分が入り、背中でソリが転げ落ちないように支えながら休憩した。もしうっかり手放してソリが滑り落ちてしまったら最悪だ。振り出しに戻ってしまう。

二〇〇mほどの高度を氷河上で直登するため、三〇mほど登っては休憩を繰り返す。登るにつれて、上部の氷冠から吹き降りてくる冷たい風をまともに受けるようになった。気温は氷点下三〇度ほど。正面からの容赦《ようしゃ》ない風が厳しい。

三時間ほど登ると傾斜が緩やかになり、氷河の乗っ越し（峠のこと）に出た。左前方を見上げると、山の上の大きな氷冠が足元の氷河と続いているのが分かる。右を見ると、氷冠が載っている山が切れ落ちた先に谷をつくり、その細い谷をも足元の氷河が埋めている。ここまで登ってきた谷の続きであろうか。その谷筋を下っていくのが進むべきルートであるはずだ。平らな氷河の乗っ越しを進んでいくと、進むべき谷は三方を山に囲まれ、手前を足元の氷河が塞ぐことでできた氷河湖があった。夏の間、雪や氷河の融解水が溜まった湖だ。美しさにしばし見とれていたが、氷冠から吹き降ろす風が冷たく寒い。早く下ろう、と氷河湖に向けて下っていった。クレバスがないかをよく見るが、ここは心配なさそうだ。登りは大変だったが、下りはソリが走って滑り落ちてしまうので、先にソリを滑らせ、ロープで確保しながら氷河を降りていく。

急峻な岩壁と氷河に堰《せ》き止められた自然の美しさ爆発の氷河湖だ。下りてくると風をあまり感じないが、岩壁の上部で、氷冠からの風が雪煙を巻き上げているのが見える。ふと、今自分にとって新しい北極の見知らぬ世界に侵入していることを感じた。それがとても嬉《うれ》しかった。自分の手によって世界が広がる実感こそ、ここにやってくる理由の一つだ。

氷河湖を進み、谷が狭くなると湖はやがて細い河となり、緩やかに下っていく。ミルフィーユのように何層にも重なった古い地層がそこら中に露出している。何かの化石でもないものかと目を凝らして見るが、何も見つけられなかった。地質学者が見たら垂涎《すいぜん》ものなのだろうか。自分にはその価値は分からないが。

河は下るにつれてその幅を広げ、夏にはサラサラと水が穏やかに流れるツンドラの草原を想像させる広い洲《す》に出た。至るところでジャコウウシの足跡、カリブーの足跡、そしてホッキョクオオカミの足跡が見つかる。ただ、姿はない。それぞれの動物の足跡は、生態ごとに全く違う特徴で雪面に残される。ジャコウウシは、冬の時期は時に数十頭の大きな群れをつくり、夏には群れがばらけて小集団で行動する。草食動物の彼らは、夏になると一斉に芽生えてくる植物の根を冬の間に食べている。前足で土を掘り返し根を食べるため、ジャコウウシの群れが食事をした後はなかなか派手に掘り返されている。ジャコウウシの掘り返した跡を、体の小さなライチョウが餌場にすることも多い。カリブーはジャコウウシほどの大きな群れをつくらず、一頭から数頭で行動している。地衣類を主に食べるカリブーの食べ跡は控え目だ。それぞれの足跡も、蹄《ひづめ》の形で全く異なる。そんな大型草食動物を追うのが、ホッキョクオオカミだ。彼らは群れで獲物を狙う。エルズミア島にはオオカミが多く生息しており、オオカミと出合うのが今回の旅の楽しみの一つだった。

二人のイヌイット

九日目に河を下り切り、海に出た。

河口から二kmほどの場所に、グリスフィヨルドのイヌイットが狩猟で使う小屋があるということなので、そこで一日休むつもりだった。

海岸線の小高い場所に立つ小屋に着くと、入り口のドアノブが風で開かないようにロープで留められていた。ロープをほどき、中に入ると六畳間くらいの広さに古い灯油ストーブが置かれ、一段高いところに簡易的な寝台がある。こういう小屋は基本的に誰でも使って構わない。外に出てストーブの煙突の蓋を外し、屋外の灯油タンクの周辺を探して元栓を開け、ストーブに点火するとあっという間に小屋の中は暖かくなった。これは最高だ。着ている衣類を脱ぎ、汗で濡れた帽子や手袋、靴下、全てを小屋の中に吊るして一息ついた。

小屋の中には小さな食器棚が設置され、そこには古い缶詰や開封されて食べかけのクラッカーなどが無造作に置かれている。壁には一〇年以上前の古ぼけたカレンダーが貼られていた。四隅に設けられた窓から周囲を見ると、外は真っ白な世界だ。小屋に入る前、外の世界から小屋を見ると「小屋も北極の一部」に思えるが、ストーブで暖められた小屋の中にいると、どこか守られた気分となり「小屋の外こそが北極」であるように感じられるものだ。

翌日は休養日とした。まだまだ先は長いので安全に休めるうちに休んでおこう。

外は快晴。風も穏やかで、とても気持ちのいい日である。こんな場所で一人、誰に気兼ねすることなく自由に過ごせることが本当に幸せに思える。

「ここにチャーター機で乗りつけて、一ヶ月くらい過ごしてまた日本へチャーター機で帰るなんてことができるなら、世界最高の別荘地だな」

そんなことを思っていた。俺はやはりこの世界が好きなんだな、そんなことを考えていた。

さて、ここから先はどのルートを選択するかと地図を開いた。小屋からは海氷上を進み、再び島越えを行なうとまた海に出て、その先に細い谷のスベルドラップパスがある。次の島越えを、どのルートで行くか決め兼ねていた。

次の島越えのルート候補が二つあった。一つは小屋から北東に進んだベンダムフィヨルドを北上し、その先から上陸。もう一つは北西に進んだトロルドフィヨルドから上陸するものだ。イヌイットたちは、北東のベンダムフィヨルドをよく通っている。チャーリーもジョアルーも、そちらのルートは知っていた。ただ、地図で見ると島越えのためにかなり標高を上げないといけない。イヌイットたちはスノーモービルで移動するため、標高差は大して気にしないが、私は進行速度に直結するためあまり登りたくない。北西のトロルドフィヨルドから行くと、標高は大して上げる必要がないが、そちらはチャーリーもジョアルーも通ったことがないと言う。地図で見る限りは行けそうな気がするが、二五万分の一の縮尺では細かい状況までは読み取れない。行ってみたはいいが、目の前に高さ三〇mの崖があるかもしれない。でも、行けるか分からないからこそ、トロルドフィヨルドを選択したくなってきた。もし全く進めないような地形だったとしても、別のルートに迂回する時間も食料もある。最悪は、グリスフィヨルドに引き返せばいい。

小屋で一日をのんびり過ごし、夕食も食べて暖まった小屋の中で寝ていたその深夜、外から何か物音が聞こえてきた。

ハッと目が覚め、遠くから聞こえる音に気づくと、すぐにスノーモービルのエンジン音だと分かった。

「おぉ、誰かやってきたぞ」

そう悟り、寝袋から出るとすぐに温かい衣類を着込んで外に飛び出た。

深夜二時、春に向かいこの時間でも太陽光が地平線にうっすらと残っている。私が外に出たと同時に、ヘッドライトを点灯させた二台のスノーモービルが小屋の前に停まった。二人のイヌイットが降りてくる。上半身は分厚いダウンジャケットだが、下半身はホッキョクグマの毛皮でつくったパンツだ。よく見ると、一台のスノーモービルの後ろにロープでカリブーを結わえている。「ここに向かってくる途中、すぐそこで一頭見つけたんだよ」と言う。小屋から近かったので、撃ってすぐ解体せずにここまで引きずってきたらしい。二人に簡単に挨拶をすると、私が一人で歩いていることを村の誰かから聞いて知っていたようだ。

一人のイヌイットが、到着するやすぐにカリブーの解体に入る。凍りついてしまうと捌《さば》けなくなってしまうため、温かいうちに行なうのだ。私もこれまで何度もイヌイットとカリブー狩りに行ったことがあり、かつて自分の遠征の中でもカリブーを撃って捌いて食べたことがある。日本で鹿を撃った時に必ず行なう血抜きを、北極圏においては行なうことはない。血抜きせずに、すぐに解体し始める。そもそも日本の鹿撃ちで血抜きを行なう理由は、腐敗しやすい血液を体外に排出させることで肉の鮮度を保つためだ。ただ、北極圏での狩りでは、獲物の体温もすぐに下がりやがて凍ってしまうため、残った血液が腐敗する心配はない。血抜きをしなくても、カリブーの肉は全く臭みもなく、とても美味しいのだ。

彼らのナイフ捌きとカリブー解体の早さは見事だ。ナイフを最初に入れるところから、毛皮を一枚に剥ぎ取り、四肢を分断し、頭を取り外し、内臓を部位ごとに選《え》り分けるまでの一連の作業を一五分くらいで行なってしまう。彼らは解体しながら、腎臓《じんぞう》などの内臓をよくつまみ食いする。私も食べたことがあるが、まだ体温が残って生温かい腎臓の刺身は臭くもなく、とろけるようで本当に美味しい。今のように空輪で定期的に物資が輸送されてくる時代以前のイヌイットは、食料を全て自然の中から自給してきた。基本的に魚類や哺乳類《ほにゅうるい》ばかりが狩猟対象となり、野菜の類《たぐい》はほとんど存在していない環境だ。そんな場所なので、必要なビタミンは動物の内臓から摂取していた。仕留めたカリブーの胃袋を裂き、その中に溜まって半消化された状態の地衣類をすすって飲んだり、小腸を太いうどんでもすするように生のままズルズル食べていたそうだ。

この時期、グリスフィヨルドのイヌイットは時間があればカリブー狩りに出かけていく。エルズミア島には南の北米本土にいるような大型のカリブーではなく、小型のピアリーカリブーが生息している。ピアリーカリブーの名前の由来は、かの探検家ロバート・ピアリーから名付けられたことは言うまでもない。

一人が解体作業を進めている間に、もう一人がスノーモービルの後ろに連結している木組みのソリから寝具や炊事道具を小屋に運び入れる。お互いに別の作業を行ないながら、時々顔を近くで向かい合わせて何かを話し合っている。イヌイット独自のイヌイット語も使うが、カナダでは子供の頃から英語で学校教育を受け、南のテレビ放送を見て育っているので完全なバイリンガルだ。イヌイット同士であっても二言語ごちゃ混ぜで会話している風景をよく見る。

解体作業が終わると、肉を木組みのソリに積み込んでしっかりと梱包《こんぽう》しておく。「キツネやオオカミがいたずらするからな」と言う。

二人のイヌイットも暖かい小屋の中に入り、着ていたホッキョクグマのパンツを脱ぐと、下に穿《は》いているのはジーンズ一枚だった。氷点下三〇度の環境でスノーモービルをかっ飛ばしていなが

カリブーを捕らえてきた二人のイヌイット

ら、ジーンズだけで問題のないホッキョクグマのパンツの威力は素晴らしい。我々のような訪問者が持っているこの土地に対する印象と、定住する彼らの印象は別物だ。ここは彼らの生活圏。まるで、東京で近くのコンビニに行こうとしたら雨が降っていたのでレインコートをジーンズの上から穿くような感覚で、ちょっとカリブー狩りに行くからホッキョクグマのパンツを穿くようなものだ。これまで何度もホッキョクグマの毛皮のパンツを見てきたが、やはりこれは凄《すご》いものだ。完全に風を防ぎながら、体から出る汗の水蒸気は発散させてくれる。防水機能もありながら、とても温かい。それを一着で成立させている。最先端の技術でつくられたアウトドアウェアよりも、遥かに凄い。まだ人間の技術では、同じ機能を達成できる素材はつくれないだろう。

もう夜も深い。とりあえず寝て、細かい話はまた朝にしようと、我々三人は寝袋に潜り込んだ。

数時間後には目覚め、外の様子を確認すると、この辺りでは珍しく深々と雪が降っていた。雪が積もるとソリの抵抗が増して重くなる。「うわぁ、雪か。行きたくないなぁ」と思いながら、小屋に戻ると二人のイヌイットハンターと共にそれぞれの朝食を食べながら話をした。二人の名前はデイビッドとバガボウ。バガボウはジョアルーのお兄さんだという。「弟から君の話を聞いたよ」とのことだ。そういうことだったか。二人はコールマンのストーブでお湯を沸かし、紅茶に砂糖をたっぷり入れ、イヌイットが大好きなバノックという手づくりの揚げパンを朝食に食べる。コールマンストーブ、紅茶、バノックはイヌイットの三種の神器とも呼べるキャンプ必需品だ。この三つは、イヌイットがキャンプに出る時はみんな必ず持っている。

もう一人のデイビッドは目鼻立ちに欧米系の雰囲気がある。「母親はイヌイットだが、父親がポーランドからの移民なんだよ」と言う。以前はグリスフィヨルドではなく、ヌナブト準州の州都であるイカルイットに住んでいたが、昔に比べて町の規模が大きくなり、人口も増えていくとイヌイットとしての伝統的な暮らしがしにくくなったことを感じ、数年前にグリスフィヨルドに引っ越してきたという。

「ここでは仲間たちと狩りに行ったり、より自分たちの伝統に近い暮らしができるから」

デイビッドはイヌイットとしてのプライドを強く持っている男だった。

彼らの連絡先とメールアドレスを教えてもらうと、デイビッドが「フェイスブックやってるか?」と尋ねてくる。遠征が終わり、日本に帰った後にデイビッドのフェイスブックの投稿を見ていると、他の日本人の友人たちが「今日は美味しい焼肉を食べました」という写真に混じって「でかいアザラシが獲れたぞ!」と丸々太ったアザラシの写真が流れてくるようになった。日本にいながら、そんな写真を見ているとまたあの世界に戻りたくなってくるものだ。

「ホッキョクグマは狩りに行かないの?」

そう私が二人に尋ねると、最近はホッキョクグマを獲りに行くこともないという。カナダでは、イヌイットにホッキョクグマの狩猟が認められている。村ごとに捕獲できる頭数が割り当てられているのだが、最近では毛皮の国際的な取引も制限が厳しくなっており、自分たちで使う毛皮の需要も低いため、わざわざ獲りに行かないようだ。その代わり、イヌイットではない、趣味で狩猟を行なうスポーツハンターが、以前からこの地域にはやってきている。イヌイットに割り当てられているホッキョクグマの頭数制限枠を購入し、合法的にイヌイットではない人たちがホッキョクグマ狩りを行なうことのできるシステムだ。狩猟の権利料と、スポーツハンターへのガイド料でイヌイットにとっては大きな現金収入となっている。春先、レゾリュートやグリスフィヨルドにはたくさんのスポーツハンターがやってきていた。私もこれまでたくさん出会ってきたが、一番多いのはアメリカ人だ。

ところが、近年アメリカがワシントン条約に対してホッキョクグマの国際間商取引を制限するような提言を行なうようになると、カナダで捕獲したホッキョクグマの毛皮をアメリカ人が自国に持ち帰ることが困難となった。すると途端にアメリカ人のスポーツハンターが激減した。せっかく多額の費用を投じてホッキョクグマを獲っても、毛皮を持ち帰ることができなければ来る意味がない。アメリカからハンターがやってこなくなることは、イヌイットの現金収入という観点からは痛手だろう。

そんな話をしている時に、バガボウが驚きの一言を発した。

「ついこの前、俺は中国人のスポーツハンターをホッキョクグマ狩りでガイドしたぞ」

私はグリスフィヨルドに来る前、滞在していたレゾリュートの宿で二人の中国人を見かけていた。宿の食堂で野生動物保護官と何かの書類作成を行なっていたのを見て、疑問に思っていたのだが、合点がいった。中国人のスポーツハンターを見たのは初めてだ。

「俺も中国人をガイドしたのは初めてだ」

バガボウはそう言った。


この先のルートについて二人にも尋ねてみると、北東のベンダムフィヨルドは知っているが、私が行こうと思っている北西方向のトロルドフィヨルドから上陸したことはないと言う。トロルドフィヨルドまでの海氷状況やルートについて新たに教えてもらった。ここからすぐ先にある、ホウブド島は東側から回ったほうが海氷が平坦で歩きやすいと言う。西は氷が荒れているからやめておけ、とのことだ。

そういえば、ジョアルーが言うにはそのホウブド島には河に繋がっていない湖があり、つまり外界と隔絶されたその湖にホッキョクイワナが陸封されているという。本来は海と河を行き来する遡《そ》河性《かせい》の魚であるが、陸封されたホッキョクイワナを釣り上げると、海ではオレンジの身が完全に白身でありながら、味は海のものと変わらないらしい。この手の話が好きな釣り人が知り合いに何人かいるな、と数人の顔が頭を過《よぎ》った。

「この壁見てごらん。これ、直した跡なんだよ」

バガボウが小屋の一角の壁を指差して言った。確かに、元の壁を修復したように、ベニヤ板が外から打ち付けられている。

「何年か前、この小屋に来た村人が、小屋に入ろうとしたら中にホッキョクグマがいたんだよ。その壁をぶち破って、クマが小屋の中を物色していたらしい」

そのクマはどうしたのかと尋ねると「追い払ったそうだよ」と言う。

私もこれまで北極の旅では散々ホッキョクグマと遭遇している。そのうち二回は就寝中のテントを揺らされていた。壁まで破って小屋に侵入するとは、なかなか気合の入ったクマだ。ここから先、海氷上を行くにあたってホッキョクグマが増えてくるだろう。

昼過ぎに、私は小屋を出た。デイビッドとバガボウに挨拶を交わし、今朝になって降り積もった雪の抵抗をソリに感じながら、歩き出した。ここからはグリスフィヨルドのイヌイットの活動圏から外れていく。目的地のシオラパルクまで、誰にも会うことはないだろう。地図を開いて進行方向を確認し、北を見るとチラつく雪の向こうに岩壁が見えていた。これからいくつもの丘を越え、海を越え、グリーンランドを目指す。

ゴリラ岩

陸封されたホッキョクイワナがいるというホウブド島を東から回り込む。一〇km四方ほどの島にある湖の、隔絶された環境でホッキョクイワナが生き続けているというのは、なんとも面白い話だ。どれくらい昔から外界と接触していないのだろうか。そんなことを思いながら島を左手に見て歩いていると、先のほうに見えているエルズミア島岩壁に、どうにも巨大なゴリラの横顔にしか見えない岩肌が出てきた。歩きながら、気になって仕方ないので勝手にその岩壁をゴリラ岩と名付けることにした。時代が時代なら、私の呼び名がそのまま正式な地名になったのだろう。

この辺りを最初に探検したスベルドラップは、多くの島や岬、氷河や海峡に名前を与え正式名として現在の地図に記載されている。彼らはこのゴリラ岩を見ていなかったのか、それともゴリラには見えなかったのだろうか。見る場所によって見え方も変わるが、ノルウェー人はゴリラをよく知らなかった可能性もある。昔の探検家たちが付ける地名には、支援者やスポンサーの個人名を名付けることで出資者を満足させたり、探検家自身の名前が付けられることもある。王や組織の名前を地名として付けることもあり、キングウィリアム島、プリンスオブウェールズ島、ロイヤルジオグラフィカルソサエティ（王立地理学協会）諸島なんていうのもある。グリスフィヨルドが「豚のフィヨルド」という意味であるのは、私が勝手に名付けたゴリラ岩と大して違いはないだろう。もし一〇〇年前にスベルドラップも同じ岩肌を見てゴリラ岩と名付けていたら、今頃地図には「ゴリラクリフ」なんて書かれていたかもしれない。

これらの名前は、欧米の探検家たちがやってくるようになった一六世紀以降に与えられたものであることは言うまでもない。それぞれの岬や島にはイヌイットたちが与えた名前があったはずだが、カナダにおいては今ではその名前で呼ばれることは少ない。集落ごとにはイヌイット語の名前が残されており、例えばグリスフィヨルドはイヌイット語で「アウジュイットゥク」という名前がある。その意味は「雪解けが訪れない土地」というものだ。ここでは真夏でも雪が降ることがあるし、山の上には何万年も溶けることのない氷冠が無数に存在している。確かに雪解けが訪れない土地とはその通りだ。南にあるケンブリッジベイというザ・英国風の名前の村はイヌイット語で「イカルクトゥティアク」と呼ばれ、その意味は「魚が豊富な土地」である。私もケンブリッジベイを何度も訪れたことがあるが、村の周囲の湖ではたくさんの魚が捕れ、イヌイットたちは昔から魚を重要な食料源として生きてきた。土地の名前は、彼らの生活に直結している。しかし今では欧米の探検家たちが名付けた地名が「正式名」となっている。大航海時代以降、列強諸国は世界の支配地域を広げ、土地や資源を収奪する役割に探検家が一役買ってきた時代がある。侵略者による支配とは、土地の名前を奪い、言語を奪い、宗教を奪い、資源を奪い、食べ物を支配して進んでいくものだ。かと言って探検家全てが支配者ではないし、スベルドラップ自身は支配的な探検活動を行なっていな

ゴリラ岩。岸壁が巨大なゴリラの横顔に見える

いが、その時代以降の近代のカナダ政府がイヌイットへの同化政策を執り、民族としての淘汰《とうた》を図ってきた。日本人がアイヌの人々に対して行なってきた激しい差別と同化政策は、民族の支配活動だ。カナダでは多民族国家として過去の過ちの認めるところは素直に認め、イヌイットへの自治権を与えるヌナブト準州の誕生などが進められている。また、集落の名前もこれまで英語名だったものを、次第にイヌイット名へと正式に変更し始めている。ヌナブト準州の州都は、今ではイカルイット（イヌイット語で「たくさんの魚」の意味）であるが、以前はフロビッシャーベイと呼ばれていた。これは、一六世紀に最初に欧州から北極探検に訪れた探検家マーティン・フロビッシャーに由来している。

「ホッキョクオオカミの群れだ！」

トロルドフィヨルドはとても美しいフィヨルドだ。フィヨルドに流れ出る河の作用であろうか、浸食された岩壁が鋸《のこぎり》の刃のように連続した三角山となり、数十km先のフィヨルド奥まで両岸に切り立ち、連なっている。

ソリを進めていくと、強い北風が吹きつけてきた。フィヨルドの奥のほうに見える氷冠からの下降気流によるものだろう。雪面には、北風で成長したサスツルギがいくつもあるところを見ると、トロルドフィヨルドは常に氷冠から吹き降りる風があるのだろう。その強風で粉雪が吹き飛ばされ、足元が硬いので向かい風は厳しいが歩きやすい。

トロルドフィヨルドの最深部に達すると、そこから上陸して川と思われる低地を登っていく。北の海峡に出るまで、地図を見ながらルートを考えていかなくてはいけない。今回の島越えは四〇kmほどだ。目星をつけている川筋を遡《さかのぼ》っていく。

翌朝、テントを撤収する前に空身でスキーだけ履いて周囲の偵察に出た。登っていくつもりの河であるが、上流に行くにつれて斜度も増し、その幅も狭くなっている。まずは、ソリを引いて上がれそうかを偵察する必要があった。手元の地図の縮尺は二五万分の一であるため、小さな河や崖は地図に表されていない可能性もある。地図上で目星をつけた河が、目の前のものではないかもしれないので、周囲の地形も考慮しながら慎重に観察して正しいルートであることを確認しなくてはいけない。

川筋に沿う斜面の小高い丘に登り、地図と状況を見比べながら登るべき河に間違いないことを確認し、テントに戻ると出発支度を整えた。

河は狭く、入り組みながら上流へと続く。果たして通過できるのかという少しの不安を抱えながら、でもなんとかなるだろうという楽観的な思考も持っている。途中、ホッキョクギツネの鳴き声がすぐ近くで聞こえた。ギャオギャオという特徴的な彼らの鳴き声は、結構可愛くない、下品な鳴き声だ。

夏にはかなりの急流になるだろう隘路《あいろ》のような河を遡っていく。大きな岩が所々に露出しているため、スノーモービルや犬ゾリでは登っていけないだろう。河底に、周囲の岩壁から落ちてきたと思われる二m四方くらいの巨大な岩が立ち塞がっていたりする。この地形だから、グリスフィヨルドの村人たちもここを通らないのだろう。

柔らかい河底の雪に苦戦しながら、地図上では標高二〇〇mくらいまで登ってきたところで、河の両岸に岩が切り立った門のような場所が現れた。そこをくぐって先に進むと、河が二手に分かれている。おや？　と思って立ち止まった。進行方向右手奥の北東方向と、左の西方向だ。谷地形になっているため、先の様子が見えない。地図では二股になっていない。大縮尺地図の限界だろう。一度ソリを外し、空身になって登れる場所から小高い丘に登り、できる限りの偵察を試みる。進むべき進路はまだ北のはずである。西ではなく北東方向が正解の進路であると信じて進むことにする。

北東の河筋を上流に向けて詰めていくと、次第に河幅が広くなり、やがて広い平原のような場所に出た。先のほうには左右の尾根が落ち込む谷地形と思《おぼ》しき稜線《りょうせん》が見えているので、おそらくあそこが下るべき河の入り口だろう。この平原が乗っ越しになっているようだ。地図を開いて進むべき進路の方向、見えている谷の方向が合っていることを確認した。

よしよし、順調だと上機嫌で平原を進んでいく。一時間ごとには小休憩を取り、行動食のチョコレートをかじって熱い紅茶で流し込む。さあ、休憩も終わって出発しようと再び歩き出し、視線を斜め前方に落としながらソリを引いていると、視線の先に何か動くものを感じた。「あれ？　何かいる？」と察し、視線を上げると五〇mほど先に白い四つ足の動物が右から左にトコトコ歩いているのが見えた。

「あ、ホッキョクギツネが歩いている」

そう思ったが、よく見るとキツネにしては体が大きい。「あれ？」と思った次の瞬間、次々に別の白い四つ足動物が続いて歩いてきた。

「ホッキョクオオカミの群れだ！」

そう気づくと、急に興奮してきた。白い体毛に覆われたホッキョクオオカミが八頭、私の目の前まで歩いてきて、こちらを見て群れの足がピタリと止まった。

群れの中の一頭が、群れと私の間の最前列に仁王立ちになり、身じろぎもせずにこちらを見つめていた。白い体であるが、背中がグレーがかった毛に覆われている。他のオオカミたちは背後でウロウロと歩き回っており、どうやらこの仁王立ちしている奴が群れのリーダーなのだろう。よく見ると、八頭全てが口元や前足が血で真っ赤に汚れている。ついさっき大物の獲物を仕留めてみんなで食べてきたばかり、という様子だ。ジャコウウシかカリブーのどちらかだろう。こちらをジッと見つめるオオカミの挙動と視線には知性を感じる。こちらを見透かすような、深い視線だ。この時の私は、全く恐怖心を持っていない。ホッキョクオオカミが人間に対して襲いかかってくることは、絶対と言い切れるくらいにない。私は銃を持っているが、この時は当然のように用意することもなく、カメラを構えて撮影を続けた。

しばらくすると、群れが徐々に遠ざかっていった。リーダーはいつまでもこちらを振り返りながら、群れと私の間に立って仲間たちを先に促しているようだ。私は群れが立ち止まっていたところに行ってみると、無数の足跡の横にたくさんのおしっこの跡や糞が落ちていた。野生動物が排泄《はいせつ》を行なうのは、大抵の場合は食事をした時だ。人間のように、毎日食べて毎日出る訳ではない。大型の獲物を食べた直後に私と出合ったのだろう。

命の価値観

二〇日目に再び海に出た。無事に北の海峡に抜けることができた。そういえば、二〇年前にこの辺りを犬ゾリで走り、スベルドラップパスも通ったイカルイットのマッティから、この付近に「化石の森」があると聞いていた。今では極寒のこの土地も、遥か大昔の時代には森林に覆われていたことがあり、その時の木の根や倒木がそのまま化石となり、地上に露出している場所があるというのだ。非常に興味があったが、かなり遠回りになりそうなので行くのは諦める。いずれ、行ってみ

ホッキョクオオカミの群れ

たい場所の一つだ。

アイリーン湾を東に進み、今回の旅での第一難関となるスベルドラップパスの入り口を目指す。全体の中間地点にあたるスベルドラップパスは、東西に八〇㎞ほどの谷となり、南北に長いエルズミア島の中央部を横断し、グリーンランド側に出ることができる数少ないルートとなっている。

長距離、長時間を移動する冒険では「ポイントオブノーリターン」をいつどの地点に設定するかが重要となる。つまり、これ以上進んでしまうと出発地に戻るだけの時間的物資的余裕を失うので、その地点を過ぎてしまえば前進するしかない、という場所のことだ。スベルドラップパスを抜けてスミス海峡側に出てしまえば、グリスフィヨルドに引き返すのが非常に困難となるだろう。今回のルートで最悪の状況を想定するならば、スベルドラップパスを通り抜け、スミス海峡に達した時点で例年よりも早く海峡の氷が崩壊し始め、グリーンランド側に渡れず、グリスフィヨルドに引き返す物資も不足してしまう状況だ。この地点においては、意識は基本的に前進することにあるが、常に戻る意識も忘れていない。しかし、ポイントオブノーリターンを過ぎてしまえば、前進あるのみだ。

スベルドラップパスの入り口を示す、サムマウンテン（親指山）が見えてきた。チャーリーから「親指を立てたような特徴的な山が目印だよ」と教えてもらっていたが、確かに空に親指を突き立てているような岩山が見えている。地図にもサムマウンテンと記されているので、正式名だ。誰が名付けたのだろうか。

アイリーン湾の突き当たりのサムマウンテンを回り込み、東へ進むとそこからスベルドラップパスに上陸する。海に流れ込む河を遡っていくと、両岸の山が次第に迫ってきた。この谷を何日で抜けて、エルズミア島の東側に出ることができるかが重要になる。

上陸した地点でテントを張り、翌日からエルズミア島横断に取り組む。広い河口はすぐに谷となり、左右の山間《やまあい》から氷河が見えている。谷の南北両側にはそれぞれに大きな氷冠があり、そこから谷へ吹き降ろす風が冷たい。氷冠の上で冷えた空気が下降気流となるその風が強い時には、石も吹き飛ばしてくるほどに吹くらしい。風だけならテントで防ぐこともできるが、そこに石まで飛んできたらどうなってしまうのだろう。風が強いことは足元の様子を見ると察することができる。積雪が極めて少なく、至るところで砂利が露出している。また、雪面に砂が堆積しているのも風によるものだ。

厳しい谷越えだが、岩と雪と氷河の組み合わせはとにかく美しい。一〇〇年前、スベルドラップ一行もこの同じ風景を見ていたのだろうと考えると、なんとも嬉しくなってくる。彼らは私とは逆に、東側から上陸してきた。この谷の先には何があるのか、未知を明らかにしていったのだ。遥か昔のイヌイットたちにも、ここを通った人たちがいたのだろう。

河底を上流に向けて詰めていくと、氷冠が谷にまで迫《せ》り出す場所に辿り着いた。東京ドームくらいの巨大な鏡餅が山の間から流れ落ちてくるように迫り、進行方向の谷が氷体で埋められそうになっている。どうやらこの氷冠が谷の上部を塞ぎ、上流で水が溜まり氷河湖を形成しているようである。その氷河湖から流れ出る急流をここから上っていくのだ。

左右の岩壁が垂直に切り立ち、頭上を覆うように迫る渓谷になると、目の前に凍った滝が現れた。地図を確認すると、チャーリーが言っていたものに間違いないだろう。高さは五mほどか。滝といっても、日光華厳《けごん》の滝のような垂直ではなく、茨城県の袋田《ふくろだ》の滝のような斜面を流れ落ちるものだ。空身であればなんとか攀《よ》じ登ることはできるため、ソリをそのまま引き上げられるかと挑戦してみるが、とても無理。滑る足元と氷の急斜面でとても持ち上げられない。どうするか、しばらく考えるが、これはソリの荷物を出して個別に一個ずつ滝の上に運ぶしかない。ソリのカバーを開け、何度も登り降りを繰り返し、全ての荷物を滝の上に運び上げると、空になったソリも持ち上げて再度パッキングを行なう。チャーリーが言うには、このような場所は何度も現れるという。

滝を越え、狭い渓谷の上流を詰めていくと、氷河湖に出た。目の前には巨大な氷河の末端が屏風《びょうぶ》のように切り立ち、谷を塞いで湖をつくっている。凍った湖の表面は強い風の影響だろう、積雪がほとんどない。湖を東へと進むと、再び狭い渓谷となり、両岸の切り立った岩壁は大地の裂け目のように深さを増した。谷が狭くなるにしたがい、不安な気持ちが増大していく。このまま谷が埋まっていたらどうしよう、先に進めなくなってしまったらどうしよう、そんな不安感がありながら、もっと先を見てみたい、そんな好奇心に駆られる。まだここからグリスフィヨルドに戻るための物資はあるし、もし持参している食料が尽きても銃があるので、動物を狩って食えばいいだけだ。

垂直な岩壁が左右に三〇mほど切り立ち、幅五mまで谷底が狭くなる。クネクネと曲がりくねる谷を進むと、急に雪壁が谷を埋めていた。強い風と谷の複雑な構造で雪が吹き溜まり、巻き込んだ風が風下側の雪を吹き飛ばしながら成長した垂直の雪壁だ。高さ三mほどの雪の壁が谷を埋めている。どうやってソリを進めるか思案するが、ソリの荷物を分けてピストン輸送するしか手はない。氷のように硬く凍りついた雪壁に、スコップで小さなステップを刻み込み、それを階段のように使って荷物を一つずつ、雪壁の向こうへ運ぶ。谷の先を見ると、どうやら谷が折れ曲がるたびに同じような吹き溜まりの雪壁が発生しているようだ。

「いやぁ、これ、どこまで続くんだ」

気が遠くなる思いだ。

雪壁を越えてはソリに荷を積み、少し進んではまた荷を分けて障害物を超える。何度も繰り返していくと、今度は凍った滝がいくつも現れ出した。幅一mほどで高さは三mの段差に氷が貼りついている。左右は垂直な岩壁だ。手がかりがなく滑るので、登ることはできない。仕方ないので、ナイフで氷の表面を削り、攀じ登るためのホールドをつくった。風が冷たく、のんびりしていると手足が冷えてくる。深い渓流のど真ん中、谷の底で大きなソリを抱えて俺は何をやっているんだろうか。

ソリを一台やっと通せるほどの幅まで谷底が狭くなるが、水の流れを遡っていくことで先に進むことはできた。

スペルドラップパスに上陸して三日目、深い谷底からようやく広い平原に出た。島の中央部にある高原だ。三日間登ってきた深い谷の渓流は、この高原から水が流れ出て集まっているようだ。山にはたくさんの氷河が見える。ここからグリーンランド側に向けて、今度は下っていくのだ。

高原の一番高くなっているであろう場所からは、東に向けて河が下っている。ちょうどここが分《ぶん》水嶺《すいれい》になっているようだ。東側へ下っていくと、途端にジャコウウシやウサギの足跡が増えてきた。西側には全くと言っていいほどなかったのに、この差は面白い。おそらく、地形による風の影響だろう。私が登ってきた西側のほうが風が強いのだと思われる。風が強いと植物も育ちにくく、動物も棲《す》まないようになる。下っていく東側の方が、おそらく植生が豊かなのだろう。地形も西側ほど険しくない。

そんなことを思いながら下り始めると、たくさんのホッキョクウサギが跳ね回るのを見つけた。数羽ごとに雪に埋まるようにして地面を前足で掘り返し、地下茎らしきものをボリボリ食べている。

この時期のホッキョクウサギは、食事に夢中で周囲に対しては無警戒に見える。もしくは、我々人間を知らないのだろう、かなり接近しても逃げていかない。ソリを外して空身でゆっくり行けば、二mくらいまで近付けてしまう。これだけ接近して写真を撮っているうちにたまには新鮮な肉も食べたいな、という思いになってきた。出発して一ヶ月が経ち、空腹感も増している頃だった。銃を持っているので、絶対に外しようのない距離だ。

そうっとソリに戻り、ショットガンを取り出すと、弾丸に散弾をセットした。弾丸には散弾とスラッグ弾の二種類がある。散弾は一つの薬莢《やっきょう》の中に二ミリくらいの小さな弾がたくさん詰まったもので、鳥やウサギと言った比較的小さな獲物を捕るための弾丸だ。スラッグ弾は、一つの薬莢に大きな一つの弾丸が入っており威力が遥かに高い。ホッキョクグマへの護身用が主な用途となる。

銃を構え、そうっとウサギの元へと戻っていく。二羽のウサギは相変わらず同じ場所で黙々と食べている。どうやっても外さない距離だ。つぶらな瞳で何も知らずに食事をしているウサギを撃ち殺すのはちょっと気が引けたが、最近は空腹感が激しくなって新鮮な肉が食べたい衝動が抑えられない。これまでの北極冒険でも、何度か動物を獲って食べたことがあるが、生き物を殺すのはやはり嫌な気持ちになるものだ。でも、魚だとその罪悪感が一気に薄れるのはなぜか。小さな魚でも大きな魚でもだ。哺乳類と魚類という、自分自身との生物的な距離感の差なのだろうか。要は、気分の問題なのだろう。自分の前世は魚だったと信じている人がいれば、きっと魚のほうが殺すのを躊躇《ためら》うのかもしれない。

狙いを定めてトリガーに指をかけ力を入れると、ズドン！　という音と肩への衝撃と共に、銃口から白煙が立ち上り、鼻先にプーンと火薬の匂いが漂う。と、視線の先でついさっきまでのんびり餌を食《は》んでいた真っ白いウサギは、一瞬でぬいぐるみのようにピクリともしない姿となって雪の上に倒れていた。

もう一羽のウサギは音で逃げ出し、どこかに行ってしまった。とりあえず一羽で充分だ。ソリから大きめのビニール袋を取り出し、ウサギの後ろ足を握って袋に入れる。これがなかなか重い。五kg近くはありそうだ。ホッキョクウサギはウサギの種類で最大になる。感覚的には、小さめの柴犬《しばいぬ》くらいの大きさだろうか。袋に入れると、ソリの中に仕舞い込んで凍らないように気をつけながら先を急いだ。

夕方、テントを設営するとウサギの解体に入った。ウサギを捌くと細かく密集した毛が大量に舞い飛ぶので、テントの外で行なうことにした。風があって手が非常に冷たい。大型のジャコウウシやカリブーの解体であれば、まだ体温の残る内臓の中に手を突っ込むことで手を温めながら作業ができるが、小さいウサギはそうもいかない。ソリを風除《かぜよ》けにして、風下で毛を剥《は》ぎ、内臓を取り出し、頭を外して肉だけになったウサギをテントの中に持ち込み、四肢と胴体に分ける。これで数日間、夕食のアルファ化米にウサギの肉が入ることになった。四肢と、胴体を二つに分け、六日間分のおかずとする。早速今夜から試してみることにした。筋肉質で硬く野生の臭みがあって慣れないうちは美味しいと思わないが、数日食べるうちに鼻が慣れて不思議と美味しくなってくるのだ。

それにしても、銃というものは卑怯《ひきょう》な武器だ。人間が銃を手にしてから、野生動物との力関係が変化したのではないか。距離を詰めることなく、こちらを安全な位置に身を置いたまま相手を殺傷できる。銃でなくても、罠《わな》や弓矢も同じことで、人間の知恵の結晶だと思えば確かにそうだが、でもやはり銃は卑怯な武器に思える。ケンブリッジベイという村に住む知り合いのイヌイットの家に居候していた時、こんな話を聞いたことがある。六〇歳くらいの家の主の祖父の話なので、おそらく一〇〇年くらい前のことなのだろう。

「私の祖父が若い頃、一人でアザラシ狩りに出かけたんだ。犬を一頭だけ連れて、手には銛《もり》を持ち、腰には大きなナイフを提げて、それで村から離れた場所まで一人で旅していく。そんな時、祖父はホッキョクグマと出合ったんだ。犬が吠《ほ》えてもクマは立ち去らない。逆に、犬の声に逆上したクマが向かってきた時、私の爺さんはどうしたと思う？　着ていたカリブーの上着を脱いで左腕に巻きつけ、腰に下げていた大きなナイフを右手に持ち、左腕を高く上げ、右手のナイフを腰の位置に構え、膝立ちの姿勢を取るとクマが左腕に噛《か》みついてきたところを狙って、右手のナイフでクマの心臓をひと突きにして倒したんだ」

私はその話を聞いた時「いや、それは武勇伝が過ぎるだろう」と思ったものだが、きっと昔のイヌイットたちはそんな暮らしをしていたのだ。それがきっと当たり前で、おそらく話を大袈裟《おおげさ》に盛った武勇伝ではなく（多少は盛っているかもしれないが）事実なのだろう。一〇〇年前、ピアリーは長年のイヌイットたちとの交流の中で彼らの能力を高く評価し、北極点を制覇するための「道具」として活用した。自身の探検記の中で、イヌイットについてこう書き記している。

「彼らは老齢を恐れることはほとんどない。というのも、彼らはめったに老齢に達するほど長生きをしないからだ」

かつて、ほとんどのイヌイットたちは狩猟の間に死んだ。いわゆる天寿を全うして死んでいくということは、ほとんどなかった。家族が困窮に陥り、飢餓の恐れがあれば年寄りから順に住居を離れ、ひっそりと死んで食料を若者たちに回した。野生動物を相手に狩りを行うのは、命のやり取りだ。大きなセイウチやクジラが一頭獲れれば、集落には莫大《ばくだい》な食料が手に入る。その代わりとして、誰かが死ぬのは仕方ないことなのだ。自然の中に生きるとは、そういうことなのだ。人類は、そうやってアフリカから世界中に拡散していき、数百万年を生き延びてきたのだが、劇的に人類の生活が変化してきたのはこの一〇〇年くらいのことだろう。生活に余裕が生まれると、価値観の変化も起きる。一人の人間の命は地球よりも重い、という概念が正しいのか間違っているのかは私にも分からないが、これを昔のイヌイットに理解させるのは難しいだろう。生きるとは何か、死ぬとは何か、そんなことを、北極の旅は事あるごとに私に囁《ささや》きかけてくるのだ。

感情論がどこかで誰かを苦しめる

二八日目にスベルドラップパスを抜け、海に出た。

スベルドラップパス東側の河口が、今回の遠征全体を通しての「ポイントオブノーリターン」となる。これ以上進むことは、グリスフィヨルドに戻ることが困難になることを意味している。ここまでは日程も想定通りである。物資も充分にあり、進むことに問題はない。状況を整理して考え、前進を選択する。

いよいよスミス海峡を目指すにあたり、この先に危険なポリニアがあった。スベルドラップパス河口から東へ延びる細長い湾を進むと、その先に小さな島がいくつか点在した細く狭い海峡がある。その海峡は、昔からポリニアが発生する場所として知られている。特に、この春先が一番危ないのだ。衛星写真を観察していても、春になると真っ先にその海峡から溶け始めるのが分かる。流れが速いので、表面の雪は残るが下の海氷から溶け始める場所だ。絶対に進入してはいけない場所の一つであるし、この地を歩くのであれば、そういう場所であることを知っておかなければいけない。

湾を東進してポリニアを回避していくと目の前はスミス海峡だ。しかし、今年のスミス海峡は海氷の凍結している縁（フローエッジ）が北側に迫り上がっている。フローエッジの近くを歩くのは海氷崩壊の危険があるので、さらに三〇kmほど北から大回りするつもりだった。スベルドラップパスを出たところから、湾を東へ進まず、すぐ北側の細長い半島の急な岩壁を越えて、隣のプリンセスマリー湾に出ることにした。そうすることで、危険なポリニアにも近付かず、北への近道にもなった。

いよいよ三〇日目となった。グリーンランドへ渡るため、細長いプリンセスマリー湾を東に進みスミス海峡を目指す。

朝の出発支度を整え、いつも通りにテントを出た。外は快晴で気持ちのいい日だ。気温も高く、穏やかな一日になりそうだ。周囲は切り立った岩壁が延々続くフィヨルド地形。北には大きな氷河が海に落ち込んでいるのが見える。なんとも美しい。

テントの周囲を見渡すと、一つ違和感を覚えた。あれ？　テントから二〇mほどのあんなところに、昨夜は足跡があっただろうか？　と思い、近付いていくと、それはホッキョクグマの足跡であった。しかも、母グマと子グマ二頭である。昨日、テントを立てる時にはなかったものなので、就寝中にやってきたのだろう。そう言えば、深夜一時頃に何か違和感を覚えて目が覚め、身を起こしてジッと聞き耳を立てた。が異常を感じなかったので、また寝ていたのだが、きっとあの時だろう。そうに違いない。子供を連れた母グマは警戒心が強いので、見知らぬテントにそれ以上接近してこなかったのだろう。足跡は湾の奥に向けて続いている。餌を探しに行ったようだ。また会わないだろうか、と期待してしまう。

プリンセスマリー湾を進んでいると、ホッキョクグマの足跡が無数にあった。カナダとグリーンランドの国境付近はクマが多いようだ。以前はグリーンランドのイヌイットもスミス海峡を渡ってカナダ側まで狩りにやってきていたが、最近ではほとんど来なくなっている。そんなグリーンランドからの「密入国者」を取り締まるため、スミス海峡の近くにあるアレクサンドラフィヨルドに、ＰＣＭＰ（カナダ騎馬警察）の小屋がある。今では無人小屋だが、昔は人が常駐し国境警備にあたっていたらしい。今でも時々、警察関係者や研究者が飛行機でやってくるようだ。

プリンセスマリー湾ではその後、三度ホッキョクグマを目撃した。三〇ｍほどまで近付いてきたクマもいたが、問題なく追い払い、事なきを得た。これまでホッキョクグマには三〇回程度は会っているし、就寝中にテントを揺らされたことも二度ある。それだけ会っていると、ホッキョクグマの考えていることが挙動や表情で読めるようになってくる。人間でも同じだが、歩き方に心理状態が現れる。肩を怒らせてのっしのっし歩いているのか、軽やかな足取りなのか、足の運び方や頭の位置でも意図が現れてくる。若い頃、経験の浅いうちは私もそんな観察をする余裕はなかったが、これも場数を踏んだおかげだ。三〇回会っていても、一度もクマを殺傷したことはない。全て、無傷で追い払っている。

グリーンランドとカナダが別の国として、ありもしない線を国境として区分けられたのはこの一〇〇年くらいの話だ。イヌイットたちは遥か以前からこの土地で生活し、グリーンランド側からカナダ側に狩猟にやってくるのは日常のことだった。自分たちと無関係な世界で勝手に線を引かれ、隣の国の人間だから入ってはいかん、お前たちの狩猟はそっちの土地でやれ、というのは国際政治的には正しいのかもしれないが、ある種の横暴だとも言える。

かつてはシオラパルクをはじめとした北部グリーンランドのイヌイットたちは、カナダとグリーンランドの国境付近で狩猟を行なっていたが、近年ではほとんどやってくる人がいない。それは、グリーンランドでの狩猟のルールが変わったことなども影響しているそうだ。かつてはイヌイットがホッキョクグマ狩りに出ると、一度の狩猟で数頭を獲り、村に戻った後に捕獲した頭数を書類にして申告すればよかったのだが、今では一頭ごとに狩猟の許可を申請する必要があるという。つまり、現在では一頭獲るたびに村に帰り、書類を提出してまた一頭だけ捕獲できる権利をもらう、という手間が増えた。ホッキョクグマの狩猟に出るには、時間も労力も費用もかかる。一頭獲るごとに村に戻ってくるというのは、非効率なのだ。

シオラパルクに四〇年以上前から住み、ハンターとして生きてきた大島育雄さんは、かつては国境付近に度々狩猟に訪れていたのだが、近年はこのスミス海峡の海域でホッキョクグマの生息数がかなり増えていると言う。以前は、スミス海峡付近を探し回っても足跡を見ることは稀だったらしいが、今回の私の遠征でも無数に足跡を見たし、ホッキョクグマにも何度も遭遇した。大島さんが言うには、長い歴史の中で人間がホッキョクグマを捕獲する数と生息数のバランスが取れていたのだが、人間が獲らなくなったので数が一気に増えたのではないかと言う。

ホッキョクグマと言えば、地球温暖化の被害者として扱われることも多い。確かに、海氷が減少していけばホッキョクグマの生息数は減っていくだろうし、すでにその減少傾向にあるのだろう。しかし、ある一部の地域に限ってものを見れば、数が増えている場所もあるという意見もある。一方で減っているという地域もある。どちらも正解だ。私はこれまで、地球温暖化の映像で必ず使われるようなガリガリに痩せ細ったホッキョクグマを見たことがない。出合ったクマは、みんな丸々と太っていた。別に、ホッキョクグマの数が減っているという意見に逆らうつもりもないし、全体を見ればおそらく減っているだろう。これ以上、海氷が減少していけば、それに比例してホッキョクグマの数も減ることは間違いない。それでも、全体の大きな結果の手前には、無数の小さな現場の異なった状況がある。

かつて、カナダ東岸のセントローレンス湾で、タテゴトアザラシの狩猟に対して世界中から非難が集まった。流氷の上で生まれた真っ白いぬいぐるみのような可愛いアザラシの子供を、現地のカナダ人猟師たちが氷上で棍棒《こんぼう》を手に撲殺して回るという狩猟の動画だ。ショッキングな映像に触発されて、世界中の著名人が「アザラシ毛皮不買運動」を展開した結果、全く関係ないグリーンランドのイヌイットたちのアザラシ猟による毛皮の価格も下がり、現金収入が激減した。収入にならなければアザラシ狩りに出るイヌイットも少なくなり、これまで伝統的に使われてきた狩猟のルートや知恵が伝承されなくなる。こうやって一つの文化が消え去っていく。

数が減っているホッキョクグマや、可愛らしいアザラシを獲るのはかわいそう、残酷だ、というような、全体も一部もまるで見ない、ただの感情論で発する意見はどこかで誰かを苦しめている。

スミス海峡と探検の歴史

プリンセスマリー湾を八〇km程東進すると、いよいよグリーンランドとの国境である。北極海に通じる広いネアズ海峡と、その南側でくびれのように狭くなるスミス海峡だ。この場所にはたくさんの歴史がある。数多くの探検家たちがここを北極海への通路としてきたことを思うと、なんとも感激する。

探検の歴史とは、栄光の歴史だけではない。成功する者があれば、失敗する者もある。スミス海峡にまつわる最大の失敗例は、アメリカのグリーリー隊によるものだろう。

一八八二年にオーストリアの探検家で海軍中尉カール・ワイプレヒトの提案によって行なわれた、第一回国際極年という国際観測事業に参加するため、アメリカから派遣されてきたのが、アドルファス・グリーリー隊長含めた二五名の探検隊だった。一八八一年夏にスミス海峡から北に三〇〇

kmほど進んだカナダ側のコンガー砦《とりで》にキャンプを築き、そこで一年間の観測事業を行ない、翌八二年の夏にアメリカ本国からの救援船が迎えに来る手はずになっていた。しかし、この隊は救援隊長の怠慢と、グリーリー自身の統率力不足によって多くの犠牲者を出すことになる。

探検当初は順調だった。隊員の一人で有能な探検家であるロックウッドが、犬ゾリで当時の世界最北到達記録を北極海に打ち立てる実績をつくり、観測も順調に進んだ。ところが一年後、八二年夏に予定されていた救援船は彼らの元には来なかった。当時の探検は、海氷状況が悪く船が接近できない時の対処はされていたため、グリーリー一行はそれほど心配をしていなかった。コンガー砦まで救援船が近付けない時には、なるべく近いところに輸送して来た食料を降ろし、食料貯蔵所を各所につくっておく約束になっていた。また、その翌年も船が近付けない時には、氷上を伝って救援隊が駆けつけるという取り決めがなされていた。グリーリーたちは海氷が張るのを待って設置されているはずの食料貯蔵所を探しに行くが、あるはずの食料はどこにも見当たらない。翌年までの食料の備蓄はあるものの、自分たちは助けてもらえるのかという不安感は次第に隊員たちの間に不信感を生み出していった。グリーリー隊長には苦難に陥った隊を一つにまとめる統率力が備わっていなかった。やがてグリーリーに逆らう者が現れ出した。隊長に反旗を翻した医師をキャンプから一km離れた場所に拘留し、なんとか反逆騒ぎを収めた。

冬が過ぎ、八三年の夏が来るが、まだ救援船は来ない。すでにこの地に丸二年。食料の補給なしにもう一年の越冬は不可能である。一行はいよいよコンガー砦から南下し、スミス海峡方向へと移動することに決めた。開水面にボートを浮かべ、観測機器や物資を積み込み出発するが、ここでもどちらの進路に進むかで意見が割れ、グリーリーはまとめられない。なんとかスミス海峡に面するサビン岬まで到達すると、そこには救援隊の書き置きが残されているのを見つけた。それによると去年から今年にかけて救援活動を行なったが、海氷に阻まれたために諦めて帰還せざるを得ない云々《うんぬん》が言い訳を語るように書かれていた。その代わり、サビン岬には食料を、イザベラ岬にはボートを、また別の場所にも食料を貯蔵しておく旨が書かれていた。グリーリーたちがそれを探しに行くと、書き置きの指示通りには食料貯蔵が実行されておらず、結局無駄足となった。

そうしている間に、三度目の冬が来た。何もないスミス海峡に面したサビン岬の一画に、南下してきたボートを引っくり返して屋根とし、乏しい石や食料の樽《たる》や観測機材を壁にしたが、七〇cmほどの高さにしかならない。小屋とも呼べないあり合わせのものでつくった風除けに、二五人の男たちが肩寄せ合って一冬を越えるのだ。別の探検隊が貯蔵した食料を探し当てるが、その帰途に一人が重度の凍傷を負ってしまう。

冬が進み、いよいよ食料は窮迫を告げ、一日一人一七〇gの割り当てしか許されず厳しい飢餓に襲われた。一月に一人が死んだ。四月になりさらに二人が死亡。それでも残された一行は冬を越え、春になって魚網で小エビを獲り、なんとか食料確保に奔走する。衰弱死する者が出る傍ら、カヤックからアザラシを撃とうとした際に落水し溺死《できし》する者も出た。食料を盗み出した罪で、銃殺される者まで現れた。

すでに探検隊の体《てい》を成していない一行は、このまま全滅を覚悟したその時、三年目の夏にようやく救援船が彼らを発見したのだ。二五人いた隊は、七人にまで減っていた。隊長のグリーリーは生き残ったが、最も勇敢で有能だった隊員のロックウッドは帰らぬ人となった。


グリーリー一行を救援船が助けられなかったのは、夏でも北極海から流れてくる多くの群氷に救援船の進行を阻まれたことが要因の一つだ。スミス海峡付近では、その群氷が密集することで巨大な乱氷帯をつくり出す。私がグリーンランド側に渡るには、この乱氷帯をどれだけ効率的に素早く越えていけるかが問題だった。

古くから、シオラパルクをはじめグリーンランドのイヌイットたちはスミス海峡を渡ってカナダ側まで狩猟にやってきている。スミス海峡を越える際に、イヌイットたちが使うのが、フローエッジ（海氷が凍結している境）の際を行くルートだ。群氷と海の境を行くと、そこにはまだ薄く新しい海氷が張る。その海氷はちょっとした風の変化や潮の干満の動きで割れてしまうが、しばらくするとまた新しい氷が張る。その新しく、真っ平らな海氷上を行くことで、乱氷の影響を受けずに素早く渡ることができるのだ。ただ、これには犬ゾリという圧倒的な速度がある手段で渡ることが前提となる。

一九〇九年にピアリーが北極点に到達した時の隊員の一人であったドナルド・マクミランは、一九一四年にクロッカーランドという幻の島を発見する探検に出たのだが、その際はフローエッジの新氷を行くことでスミス海峡を犬ゾリによりわずか六時間で通過している。ちなみにクロッカーランドとは、ピアリーが北極海で見たことを報告しながらも、結局発見されなかった幻の島だ。巨大な氷山か何かの見間違いだろうと考えられている。

私のようにスミス海峡を歩いて渡るには、一度では渡り切れる距離ではないため、途中でキャンプが必要になるのだが、それが非常に危険なのだ。これまでスミス海峡を越えた探検隊も、イヌイットも、スミス海峡両岸にデポ（物資貯蔵所）や基地となる避難所を持っていた。グリーンランド側にはイータという場所があり、そこがイヌイットたちの拠点となることで引き返すことができた。しかし私は、すでにポイントオブノーリターンを越えている。スミス海峡越えに挑んでみたものの、やっぱり駄目でした、帰ります、が通用しない場所にいる。ここまで来たら、渡るしかない。選択肢は一つ、戻ることは考えていないのだ。

徒歩の速度では行けないフローエッジの新氷帯である。では、どこを通過するべきか、これが最大の問題だ。私は、フローエッジからさらに三〇㎞ほど北に進路を取ることにした。その場所であれば、不安定な海氷の崩壊に巻き込まれる心配はないが、乱氷帯の影響をまともに受けることになる。乱氷は承知の上で、出発前に入手していた衛星写真を頼りに、海氷状況を読み取りながら進んでいくしかない。ここまで来たら、シオラパルクに辿り着く以外の選択肢はない。そのためにも、スミス海峡の海氷状況を頭に入れた上で臨むしかなかった。

衛星写真を見ると、大まかではあるが、海氷が荒れている場所と比較的平坦な場所が読み取れる。ただそれも、広い範囲を一枚の写真に収めたものなので、狙った平坦な海氷を捕まえるのは至難の業だ。どれだけ正確に、乱氷帯の中でも進路を外さずに進んでいけるかが重要になるのだ。

世界最北の密入国者

三五日目。プリンセスマリー湾を抜け、いよいよスミス海峡を目前に向き合った。まだ対岸のグリーンランドは見えてこない。今いる場所からだと対岸までは一〇〇㎞ほどあるはずだ。フローエッジを北から大回りして、海峡を渡った先にあるグリーンランドのイヌイットが使うアウンナットの狩猟小屋を目指す。

海峡を目の前にすると、そこは問答無用の大乱氷帯だった。北極海に匹敵する荒れようだ。水平線までびっしりと、氷のブロックが積み重なり、密集している。さらに、今年はグリーンランド北部の一帯にかけて降雪量が異常に多いようで、乱氷を雪が覆っている。これがまた厄介なのだ。積雪はソリの抵抗感を三倍くらいに感じさせるほど重くなり、足元の抵抗もかなり増す。いざ乱氷に向けてソリを進ませると、想像以上に進行は遅くなった。これが延々続くようだと、グリーンランド上陸まで果たして何日かかることか、と心配になってきた。

重要なのは、狙った進路を外さないことだ。衛星写真の画像を紙に書き写したものを胸元に入れている。プリンタで出力したものは、長期間のキャンプ生活の中でうっかり水にでも濡らしてしまうと印刷が滲《にじ》んで内容を読めなくなってしまうので、手書きしたものをジップロックに入れて保管している。胸元から手書きの「乱氷地図」を取り出し、しょっちゅう進路を確認しながら進む。

氷が荒れていそうな場所も極力回避しながら、平らな氷をうまく繋いでいくと、いい具合に進むことができた。最初に滅茶苦茶に荒れた乱氷に捕まったが、それ以降はうまく進路を外さずに乱氷を避けながら進む。足元の海氷も安定しており、この場所が急に崩壊して南に流されていく心配はなさそうだ。選んだルートは間違いない。進行右手の方向、南側に低く重く張りつくような雲が水平線に見える。フローエッジに発生したウォータースカイだろう。凍っていない海水から上昇した蒸気が雲となっている。ウォータースカイの発生具合を見ることで、どの辺りまで海氷が張っているかを観察できる。進むべき方向は問題ない。

海峡横断四日目に、カナダとグリーンランドの国境あたりだと思われる、海峡中央部を越えた。国境と言っても、そこに何か線がある訳でもない、ただの海峡だった。それでも隣の国にやってき

スミス海峡。問答無用の大乱氷帯が待っていた

たんだなという感慨があった。いよいよカナダからグリーンランド（デンマーク領）に入国だ。北緯七九度から歩いて侵入してくる、世界最北の密入国者だろう。ちなみに、今回の遠征に関しては、グリーンランドの警察には計画概要を事前に伝えてあり、後日入国の手続きを済ませればいいことになっている。ゴールのシオラパルクは人口五〇人ほどの小さな村で警察官がいないため、日本へ帰国する途上にシオラパルクから隣のカナックという大きな村にヘリコプターで移動して、そこで警察官からパスポートに入国のスタンプを押してもらう手筈《てはず》になっている。カナダの出国の際には、アメリカ同様にパスポートコントロール（出入国審査）はない。アメリカやカナダは入国する時にしか審査がなく、出るのは自由なので、私はカナダを歩いて出たというだけのことで何の問題もなかった。

海峡中央部を越え、グリーンランド側に近付いていくと、次第に縞《しま》模様の岩壁が切り立った海岸線が見えてきた。二〇〇四年に来て以来、一二年ぶりのグリーンランドだ。

アウンナットの狩猟小屋目指してグリーンランド側の沿岸部を南下していく。それにしても、降雪量が多い。足元にはザラメ雪がどさっと積もり、ソリの抵抗感が増してやたらと重い。自作の乱氷地図でうまく乱氷を回避しながらやってきたから助かったが、もしも何の情報もなしに海峡に突っ込んでいたら、完全にアウトだった。乱氷に足止めを食い、さらに今年の降雪が拍車をかけてとても海峡を越えられなかっただろう。スミス海峡の真ん中で立ち往生しても、これはもうどうにもならない。助けを呼ぼうにも来ることはできないし、自力で脱出できないとなれば、一巻の終わりだ。

アウンナットまで三〇kmほどだ。しかし、足元のザラメ雪が異常に深く、ソリが重い。脛《すね》まで埋まるくらいのザラメ雪だ。一mmくらいの小さなビーズ玉を敷き詰めたような状態と言えば分かるだろうか。時々、ホッキョクグマの足跡があるのだが、自分が行きたい方向に足跡が続いている時はその上を歩いた。クマが歩くと一度ザラメ雪を踏み固めてくれるので、かなり歩きやすくなっている。

アウンナットが近付いたところで、海岸線に上陸して棚氷《たなごおり》の上を歩いた。潮汐の干満差が大きい場所では、満潮時の海水が海岸線に凍りつき、それを何度も繰り返すことで岩の斜面に食器棚のように平坦な氷が張りつく。古くから、イヌイットたちはそのような棚氷を使って海岸線を移動していた。足元のザラメ雪が激しいので、棚氷が使えるかと偵察に行くと、綺麗に発生していたので棚氷を繋いでアウンナットを目指した。ホッキョクグマも、同じように棚氷を歩いているようで足跡が続いていた。みんな考えることは同じだ。

危険なルート

四二日目にアウンナットの狩猟小屋に辿り着いた。グリスフィヨルドの小屋を出て以来、久しぶりの人工物がそこにあった。

最近になって新しく建て直されたというアウンナットの小屋は、大きくてかなり快適な小屋だ。中に入ると、一〇人くらいは入れそうな広さがある。小屋というよりも、一軒家に近いかもしれない。グリーンランド北部のイヌイットたちが村から遠く離れて狩猟をするための、拠点となる場所だ。私はここで一晩休み、明日出発するつもりでいた。本当は数日休みたかったのだが、スミス海峡越えのザラメ雪が深く、想像以上に時間がかかっていたので時間的にのんびりしている余裕はなかった。

一晩過ごすために必要な荷物をソリから小屋に移し、一息つくと小屋の周囲を見て回った。すぐ隣には、長年使われていた古い小屋がある。そちらは一転して小屋と呼ぶには貧相すぎるほどの小屋だ。ベニヤ板を張り合わせて立方体にし、数人そこに入れば息苦しさを感じるくらいに窮屈な空間だ。新しい小屋ができる前は、こちらを使用していたらしい。

そこを見に行ったのは、友人の角幡唯介が自身の極夜探検行のために食料などの物資をデポしており、それを確認するためだった。私は彼とは二〇一一年にカナダ北極圏を一六〇〇㎞歩く旅を行なったのだが、その後、彼は彼自身の探検拠点をシオラパルクに移し、極夜の一人旅をテーマに活動していた。次の冬に決行する予定の極夜行で必要な物資を彼自身が夏も冬も何度も往復してここまで運んでいたのだが、先日、グリーンランドの国境警備を行なう犬ゾリ隊によって、古い小屋にデポした彼の食料がホッキョクグマに荒らされているのが発見されたのだ。

私が見に行くと、警備隊の情報の通りに小屋の中は空っぽで、彼のデポは無残にもバラバラに引き裂かれ、食い散らかされていた。板で塞いだだけの小屋は、ホッキョクグマの執念の前にあっけなく扉が開けられていた。最近の降雪もあって食い散らかされた物資の上に厚く雪が積もっている。いくらかでも使える食料が残っていないかとスコップで掘ってみるが、出てくるのは穴の開いたアルファ化米の袋や、早茹《はやゆ》でパスタの残骸ばかり。ホッキョクグマは、プラスチックのパッケージに入った食料を、食べる訳でもなくとりあえず牙で穴を開け、匂いでも嗅いで食べるかどうかを判断しているようだ。掘り出す食料パッケージのほぼ全てに穴が開けられている。その中から、まだ無事で食べられそうなものを選んで新しいほうの小屋の中に入れ、翌年来るであろう彼の荷物に入れておいた。

翌日からシオラパルクを目指してグリーンランドの氷床越えに臨んだ。村まで残りは一〇〇km余りだ。アウンナットからはすぐ近くの河を遡り、上流を詰めていくとやがて広い平野に出る。すると、その平野の途中から日本の六倍の面積を持つグリーンランドほぼ全土を覆い尽くす氷床に登る。

標高一二〇〇mほどまで氷床を登ると、その先にあるメーハン氷河を一気に下って海に出ればシオラパルクはもう目の前だ。

アウンナットの小屋を出て、河を遡り上部の平原に進むと、たくさんの野生動物がいた。ジャコウウシ、ホッキョクウサギ、ホッキョクオオカミが一頭、足元まで寄ってきてソリのカバーを齧ったりこちらに興味津々だった。まだ若い個体のようで、なんとも可愛らしい。

平原の向こうに、白く巨大なグリーンランド氷床の末端が見えてきた。巨大な鏡餅を広大な地面の上に据えたような、異様な迫力を持った氷の塊だ。

氷床の際まで来ると、平坦な地面から急に氷の斜面が立ち昇る。ここからが氷床です、と見て分かるくらいにきっちり立っている。今年は一帯の雪が多いので、氷床まで辿り着くのも一苦労だった。氷床の斜面にも深い雪が積もっている。大風が一旦吹けば全て飛ばしてくれるのに、今年は風が少ないのだろうか。

スキーを外し、つぼ足（足を踏み込んでつぼ状の足場をつくりながら歩くこと）で氷床の斜面を登り始める。ソリは食料も少ないのでだいぶ軽くなった。斜面も引いて上がることができる。氷床の斜度は初め急勾配だったのが、登るにつれて緩くなっていく。氷床の末端部が標高四〇〇mほどだったが、標高一〇〇〇mまで高度を上げたところでキャンプを設営した。

シオラパルクに向けて、氷床から海に下っていくメーハン氷河の源頭を目指す。一二年前の二〇〇四年に私はシオラパルクからグリーンランド南東部のアンマサリクまでの二〇〇〇㎞を、犬ゾリ隊に加わって縦断したことがあった。しかし、今回は下りだ。登ったことはあるが下ったことはない。当時の記憶は残っているが、かなり曖昧である。

日本出発前に、メーハン氷河のルートに関しては、最近ここに通い続けて熟知している角幡から教えてもらい、またシオラパルクに住む「エスキモーになった日本人」こと大島育雄さんが描いてくれたメーハン氷河の手書き地図も、角幡から借りてコピーし持参していた。メーハン氷河は海に向けて急斜面で落ち込む氷河であるため、クレバスが多く、ルートを間違えるとかなり危なく、ゴール目前の最後の危険地帯となりうる場所だった。

グリスフィヨルド出発から四七日目。氷床を五〇㎞ほど横断し、いよいよメーハン氷河の源頭に近付く。しかし、この日は雪がチラついて視界が極端に悪い。雲が厚く、時々雲の切れ間から光が差すが、氷床から陰影が消えるとのっぺりとして、下っていく雪面が非常に見えにくい。

下るべきメーハン氷河に取りつく前に、隣にある大きな氷河の源頭基部を通過する。右手に見えてきた氷河に近付きすぎるとクレバスの危険もあるため、雪の向こうにうっすらと見えている氷河基部の岩峰を意識しながら、やや遠回りになるが左寄りのルートをとる。氷河の源頭部は一度氷床がグイッと下り、そしてまた登る。分かりやすいくらいに氷河が流れ下っていることを体感させてくれる。確かに氷の河だ。隣の氷河源頭部を過ぎると、いよいよ下るべきメーハン氷河が近いと思われた。だが、視界が悪く何が何だか全く見えない有様だ。時々雲が切れ、雲間から差した光が遠くの氷床を明るく照らした。一様に平坦ではない、地形の作用で複雑に隆起した氷床が光を受けると、氷の大地がうねるような不思議な表情を現した。なんとも美しい。

メーハン氷河上部も雪が深い。スキーを脱いだら膝上まで潜りそうなほどだ。さて、氷河の下りるべきポイントはどこだろうかと、下り斜面が顕著になってきた辺りから注意して進んだ。雪が降り続き、先の様子がはっきりと見えない。ここから先はクレバス帯に注意しなくてはいけない。この視界不良の中で進むのはどうにも気が乗らない。危ない気もするが、氷河を下って海に出ればシオラパルクまで一五㎞ほどだ。なんとかして、今日のうちにできる限り氷河を下っておきたいのだ。ゴールが近いと、すでに意識はここからシオラパルクに飛び始めていた。一旦テントを張って、視界が回復するのを待とうかと思ったが、時間がもったいない気がして氷河下降を続行した。

時々、大島さんの手書き地図を取り出し、正確な地図と周囲の様子を見比べながら下っていく。メーハン氷河の大斜面での下り方は、氷河の右端を下りていくのが鉄則だ。氷河中央部には氷が派手に裂けたアイスフォール地帯があり、その左側は激しいクレバス帯になっている。必ず、右側を下りなくてはいけない。確かに一二年前にグリーンランド縦断でシオラパルクから出発し、メーハン氷河を登ってきた時は、斜面の左側にルートを取った記憶がある。つまり下る際は右側になる。

よし、右側、右側、と意識して下りていくのだが、視界も悪く、今自分が氷河全体のどの辺りにいるのかが判別しづらい。降り続く雪の向こうに、うっすらと氷河の下側にあるヌナタック（岩峰）が見えてきた。あそこを狙って下りていけばいいはずだ、それは分かっていた。そして、自分は間違っていないルートを下っているつもりだった。

斜面がある地点を境に顕著に下り始めた。おお、いよいよ大斜面を下り始めたな、これを下りきって下部の氷河まで行けば海はすぐそこだ、と疲れはあるが上機嫌だ。今日は一日中、深い雪と視界不良の中を歩いて一刻も早く斜面を下り切りたい。すでに今日の行動開始から、もう一二時間以上経っている。疲れはあるはずだが、氷河を下ることに集中しているためかあまり疲労を感じない。アドレナリンが出ているのだろうか。いつもならとっくにキャンプしている時間だが、せめて下ったところでキャンプをしたい。ゴールを間近にして、気が焦っていた。

スキーを慎重に滑らせながら、ソリを確保しつつ斜面を調子よく下っていると、おや？　と疑問を持った。自分の右側にアイスフォールが見える。「あれ？　こんなところにあるかなぁ？」と首をかしげるが、それ以上考えなかった。また調子よくスキーを滑らせ下っていると、左手に氷河が派手に裂けたクレバスが現れた。「おや？　昔登ってきた時、こんな大きなクレバスあったっけ」とまたも疑問が頭をかすめる。さらに下っていくと、ド派手に氷河が裂けて陥没したクレバスがまたも現れた。

「これはおかしいぞ。何か変だ」

ようやく何かがおかしいことを認識した。こんなクレバスは正しいルートにはないはずだ。俺は今どこにいるんだ。どこを下っているんだろうか。手書きの地図に示された正しいルートがどこなのか、改めて周囲の様子を見比べる。氷河を少し下ったことで、岩肌やアイスフォールの様子が見えるようになってきて現状が把握できるようになってきた。目の前に見えているアイスフォール帯は、明らかにメーハン氷河中央部にあるはずのアイスフォールだ。それが右手に見えている。全体の地形を観察し、じっくり考えてみると、どうやら私は下りてはいけない氷河左側を下り始めているという結論に至った。

「マジかよ。もう結構下りちゃったぞ」

下りてきた斜面を振り返ると、かなりの距離に感じる。時間にすると一五分くらい下りてきたろうか。下りだから早かったが、また登り返すとなると何倍も時間がかかるだろう。一刻も早く下りたいのに、間違えてしまった。さあ、どうしようか。また登り返すのが単純に嫌だ。かと言って、ここを下るのは危険すぎる。斜面を下りきった氷河下部は見えている。案外近いんじゃないか？ここまで下りてこられたんだし、慎重に行けば下りられるんじゃないか？　そんな思いが頭をかすめる。もう一二時間以上行動し続け、早いところ休みたい。そんな思いが下への誘惑を後押しした。氷河の上を見て、下を見て、上を見て、下を見て、何度も悩む。いやぁ、さすがに下りていくのは危険すぎるが、でもまたこれを登るのか、と思うとそれも嫌だった。どうしよう、下りちゃうか？行けるんじゃないか？　と期待を込めた誘惑に負けそうになるが、いや、駄目だと自制心が止める。しばらく逡巡《しゅんじゅん》するが、やはりここは登り返すべきだと決めた。下るのはやはり危険すぎる。そもそも入ってはいけないルートに来てしまった時点で、引き返すのは当たり前だ。それに、もし下りる選択をして、仮にうまく下まで行けてしまっても、それもよくない。いずれ、同じような機会に遭遇した時に「前回はうまく下れたんだから、今回も行けるはずだ」なんて思考回路になる原因を自分でつくり出してしまう。悪しき前例をつくってはいかん、そう心を鬼にした。

意を決して、登り返すことにする。急斜面の登りである。スキーを履いていてはとても登れないため、スキーはソリに積み、つぼ足で行く。クレバスの表面に雪が被ったヒドンクレバスを踏み抜くのが怖い。一歩目を踏み出す前に、手に持ったスキーポールで足を置くべき場所をしっかり突き、ガツンという氷の手応えを感じて「ここにクレバスはない」と確認したところに足を置く。一歩ずつ、その作業を繰り返しながら登っていった。

調子よく登っている時だった。スキーポールで足を置くべき箇所を突き刺すと、あるはずの手応えがなく、ズボッとポールが雪を貫いた。「うわ、あった！」と思いポールを引き抜き、周囲の雪を突き刺しながら排除していくと、そこにパックリと口を開けた幅五〇㎝ほどのクレバスがあった。中を覗《のぞ》くと、底は見えない。ゾッとした。さっきは何も知らずにスキーで真上を通過していたのだ。

ソリを足元に手繰《たぐ》り寄せ、大股でクレバスを跨いで越える。再びポールで足元を確認しながら登っていくと、度々雪面をポールが貫いた。至るところに裂け目がある。これは完全に駄目なほうに入ってきてしまった。

一時間以上をかけて斜面を登り返し、正しいルートに修正して氷河の大斜面を下っていった。標高差五〇〇mほどを一気に駆け下りた感じである。大斜面を降り、狭い山間《やまあい》を氷河が海に向けて流れ下る途中に最後のキャンプを張った。今日は一六時間ほど行動していただろうか。不思議と、全く疲労感がない。行こうと思えばまだまだ何時間でも歩けそうな気分だった。

憧れの力

四八日目。メーハン氷河の途中から出発。空は青空で風も穏やか。完全に春の陽気だ。谷を埋める巨大な氷体を脇に見ながら、海へ落ち込む氷河と地面の境にあるサイドモレーンを海に向かって下っていく。谷の先に海が開けて見えてきた。遠くの海はすでに海氷が割れて、黒々とした水面を剥き出しにしている。クレバスの心配もなくなったモレーン上を、気持ちよく下っていくと、氷河の末端部に辿り着き、ようやく海に出た。メーハン氷河の末端部は、剣山のようにゴツゴツした氷が今にも崩れそうな形で海に迫《せ》り出している。一二年前に登った記憶がある。そうだ、確かに以前自分はここに来たと思い出した。

ついに海に出た。最後の難所だったメーハン氷河を下ることができた。あとは、シオラパルクの村まで一五kmほどだ。

季節はすっかり春である。小鳥が飛んでいることに安心感を覚える。肌に当たる風も心地良い。湾内の真っ平らな海氷上をのんびりと進む。あちこちに氷山が海氷から突き出している。なんという平和な世界だろうか。今日で四八日目か。あっという間のようであるが、様々な北極の姿を見たルートだったなぁと振り返っていた。山あり谷あり氷河ありだ。面白いルートだった。ふと、山の上を見上げるとたくさんの黒っぽい鳥が群れて飛んでいる。「アッパリアスが渡ってきたんだ」と分かった。渡り鳥のヒメウミスズメをシオラパルクのイヌイットはアッパリアスと呼ぶ。あの鳥を捕まえ、アザラシの皮の中に詰め込んで発酵させたキビヤ（正確にはキビヤックだが、最後のクはほとんど発音しない）は世界の臭い食べ物ランキングの上位に入るほどの変わった食べ物だ。昔、シオラパルクで食べたなぁ、と思いながらアッパリアスの群れを見上げた。

村まであと五kmほどのところで海氷が割れ、進行できないため海岸線に上陸して棚氷の上を行く。もうすぐ旅が終わるなぁと、嬉しいような寂しいような、複雑な思いを抱きながら岬をいくつか回り込むと、視線の先にカラフルな家が目に飛び込んできた。

「シオラパルクに着いた。いやー、シオラパルクに着いたよー」

人間の生活する気配がした。嬉しさが込み上げてきた。世界最北に住む、定住者の村だ。

村の海岸線に辿り着くと、係留された犬たちがまず出迎えてくれた。犬たちは「なんだ？　誰だこいつ？」という怪訝《けげん》な表情でこちらの様子を窺《うかが》い、ある犬は尻尾《しっぽ》を振って私の足元に寄ってこようとした。

もう集落の目の前だ。しかし、私が今ここに辿り着いたことは誰も気づいていない。外を歩いている人もいないため、誰にも声もかけられない。シオラパルクに四〇年以上前から定住している大島育雄さんには、大体の到着予定日を伝えていたが、今この瞬間に着いていることは誰もまだ知らない。カナダから四八日も歩いてきたら、みんなが横断幕を持って拍手喝采の中でゴールする、なんてことは実際にはない。到着した感慨もあるが、次の瞬間にはさて、大島さんの家はどこだったかな、と一二年前の記憶を呼び起こした。確か、あの時から新しい家に変わったはずで、息子の家の隣に新居を建てたと言っていた。息子の家は以前来た時に何度も遊びに行ったから、覚えているはずだが。なんて思案していると、向こうから一人のイヌイット男性が私に向かって駆け寄ってきた。どうやら私の存在に気づいてくれたらしい。誰かに気づいてもらえたことが、到着した事実よりもなお嬉しかった。両手を大きく掲げ、明らかに歓迎している様子だ。それを見て、私も両手を大きく振り上げ「おおー」と声をあげて走ってくる男性と抱き合った。

「よく来たよく来た。頑張ったなぁ」

と言ってくれている気がした。イヌイット語なので、正確には何と言っているのかは分からないが、きっとそう言ってくれていた。私も「ありがとうありがとう」と日本語で答えた。

「イクにヤパニ（日本人）が来たと電話しろ」と、男性は後から出てきた奥さんらしき人に叫んだ。おそらくそう言った。きっと、大島さんから私がカナダから歩いてくることを聞いていたのだろう。すぐに私のことを理解して、大島さんを呼んでくれたのだ。

次々に他の人たちも外に出てきてくれた。一二年前にグリーンランド縦断の前にシオラパルクに一ヶ月滞在した時は、一人でいたこともありかなり言葉の勉強をして喋《しゃべ》れるようになったが、すっかり忘れてしまった。覚えている単語だけ並べ、カナダから一人で歩いてきたことを伝えていると、向こうから大島さんが歩いてきてくれた。

「いやいや、ご苦労さん。凄い早かったねぇ」と笑いながらやってきた。一二年ぶりだ。

「いやぁ、疲れましたよ。なかなか雪で苦戦しましたけど」

「とにかくまず家に入って休みなさいよ」

そう言って私を大島さんの自宅に案内してくれた。

自宅には大島さんの奥さんのアンナさんがいた。アンナさんとも一二年ぶりである。「私のこと、覚えてる?」と聞くと「もちろんもちろん」と笑顔で答えてくれた。

「ジャコウウシの肉があるけど、ステーキにしてあげようか。お腹空いてるでしょう」

そう言って、大島さんがキッチンで私のためにジャコウウシの肉を焼いてくれた。

肉を焼く大島さんと、ルートの話やどこが大変だったかなどを話す。ベテランハンターの大島さんは、この辺り一帯のルートを誰よりも熟知している。リビングの椅子に腰掛け、話をしていてふと気がついた。

「やっぱり椅子って楽だな」

久しぶりに椅子に座った気がする。グリスフィヨルドの狩猟小屋にも、アウンナットの小屋にも椅子はあった気がするが、あれは何となく椅子のようで椅子ではない。こういう近代的な生活の住居にある椅子は、しっかりと椅子だ。そう感じ、四八日間の旅が終わったんだと気がついた瞬間、全身から一気に力が抜けていくような気がした。それまで張り詰めていた糸が、プツリと切れたような感覚があった。

「ああ、終わったんだな」

そう思い、大島さんが焼いてくれたジャコウウシの肉を食べる。美味い、最高に美味い。幸福感とはこれなんだよな、としみじみ感じた。目的地に無事に辿り着いた安堵感《あんどかん》、やりきった充実感、何度も深くため息をついて、重圧から解放された幸せに浸った。

「紅茶とか、もっと飲みたかったらそこから飲んでね」

大島さんが指差したキッチンの一画に、マグカップを持って紅茶のおかわりを取りに行こうとした。椅子から立ち上がろうと体を前のめりにするが、立つことができなかった。足に力が入らない。あれ？　と思い、もう一度テーブルに手を突き、力を込めて「よいしょ」と掛け声をかけてようやく立ち上がることができた。

「大島さん、今私、立てませんでしたよ。自分でもびっくりしました。力が抜けきってました。完全に気力が抜けましたね」

「そういうのあるよねー。俺も長い遠征とか出ると、帰ってくるとしばらく使いものにならないよね」

昨日は一六時間も氷河を登ったり下ったりしても、全く疲労感を感じないほどに動き、今日もついさっきまでソリを引いて歩いてきたのに、人間とは不思議なもので「終わったんだ」と安心すると気力が抜けてしまう。気力が抜けると、椅子から立ち上がることもできないほどに体に力が入らない。でも、この脱力感と心地良い疲労感が、無事にシオラパルクに辿り着いたことを実感させてくれていた。

「そう言えば、初トレースですね、おめでとう」

大島さんが言った。「えっ？」と聞き返すと「カナダからここまで歩きで全部やった人は誰もいなかったから、初ですよ」と言う。

私は誰かしら、歩いている人はいるんじゃないかと思っていた。実際のところ、その記録は調べようにも調べられないのだ。北極点などの象徴的な場所はデータを収集している人もいるし、記録を探すことはできるのだが、グリスフィヨルドからシオラパルクのようなルートは、データを調べる方法がない。私の中では、初だろうが何番目だろうが、それはどうでもよかったので気にしてなかったのだ。この地に四〇年間住んでいる大島さんであるからこそ、今まで誰も歩いてきた人はいないことを知っていた。

「そうなんですか、誰かしら歩いてる人はいるかと思ってたんですが、初でしたか」

スミス海峡を歩いて越える。それを、カナダとグリーンランドのそれぞれの最北の集落を繋いで歩いたのが自分が初めてだと知り、今回の旅をやった甲斐があったなと、おまけのような嬉しさを感じていた。

四八日間の旅は、私に新しい北極の姿を見せてくれた。昔の探検家たちの息吹を感じた気もした。野生動物たちと同じ地平に立ち、同じ世界を生きたことに感動した。存分に北極の旅を堪能させてくれた。

旅とは努力で行なうものではない、憧れの力で前進していくのだ。まだ見ぬ世界への憧れ、広い世界に触れた見知らぬ自分自身への憧れだ。

歩くことは、憧れることだ。

そこに行かなければ出合うことのできないものに出合うために、私は歩いていくのだ。

第三章

資金の壁

南極点無補給単独徒歩　二〇一七―二〇一八年

簡単な冒険

二〇一八年一月五日。私は南極点に立っていた。

南極大陸の海岸線にあたるヘラクレス入江を、前年の一一月一七日に出発してから五〇日目のことだった。一一二六㎞を無補給単独徒歩で踏破した私を、日本人初という分かりやすいタイトルで修飾した日本のメディアは新年から大仰に報じたらしい。らしい、というのは、私自身は南極にいたのでそれを見ていないからだ。帰国後、新聞記事やニュース映像を見せられると、確かに大きな報道だったようだ。

一月一七日に日本へ帰国した私を、大勢の記者が今や遅しと待ち構えていた。

羽田空港に到着した帰国の飛行機を出て、ボーディングブリッジを渡りターミナルビルに入ると、目の前にテレビカメラが四台ほど待機しており、マイクを持った記者と思《おぼ》しき人が降乗客を見つめていた。

「なんだろう？　誰か乗ってるのかな？」

普段は見ないカメラを怪訝《けげん》に思い、完全に他人事として横目で見ながら無視して通り過ぎようとした背後から「今、南極点への過酷な挑戦を終えた荻田さんが帰国しました」というような記者のレポートが聞こえてきたことに驚き、「あ！　俺っすか⁉」と素っ頓狂な声を上げて振り返った。

南極から南米のチリに渡り、カナダ経由で帰国した飛行機は、カナダのトロントから羽田への便が機材不良で四時間ほどの遅延が発生しており、羽田空港に到着した時点で夜九時頃になっていた。大幅に到着時刻が遅延したものの、空港内に用意された記者会見場はたくさんのテレビカメラ、記者の熱気で溢《あふ》れていた。

記者会見のために奔走する私の仲間たちは慌ただしく動き回り、帰国便が遅れたことで大幅な予定変更に苦労したことが感じられた。仲間たちと帰国の喜びを分かち合う間もなく、私が到着するやすぐに始められた記者会見ではたくさんの質問が飛んだ。それに対する私の答えは、過酷な冒険を終えた挑戦者が含蓄に富む一言を絞り出すように発してくれるだろうという、記者の思惑と要望を裏切るものばかりだったと思う。

「今回の冒険を通して一番厳しかったことは何ですか?」

「いやぁ、特に厳しくなかったですよ。あえて言うなら、風景も変わらないので、退屈だったことですかね」

「南極点への冒険を振り返ってみて、今のご感想は?」

「ひと言で言うと、面白かったですね。新しい極地の姿を見ることができてよかったです。まあ、初めから成功することは疑ってなかったので、予定通りですかね」

そんなやりとりが続いた。

南極大陸は世界で最も寒く、厚い氷床に覆われた内陸部では人間どころか細菌レベルの生物も生存できないほどの過酷な大陸だ。地球上での最低気温を観測し、真冬には氷点下九〇度を観測することもある。数々の探検家が命を落とし、一〇〇年前のスコットとアムンセンによる南極点到達レースと、帰路にスコット隊が全滅するという悲劇はあまりにも有名だ。日本では映画『南極物語』でのタロとジロの話が多くの人の印象に残っているだろう。そんな強烈な印象からもたらされる南極のイメージは、やはり過酷で極寒の人類最後の秘境といったものだろう。

南極点無補給単独徒歩。たった一人で南極点まで、外部からの物資補給を受けずに歩いていく。日本人初というタイトルが付いたこの旅は、実は私にとって難しい要素を探すのが難しいくらいに、簡単だった。初めて訪れる南極大陸での徒歩行だったが、それまで北極で経験してきた蓄積から測ってしまうと、難易度が遥かに落ちる。

南極点への徒歩冒険は、実は簡単なのだ。

二〇一六年のカナダからグリーンランドへの単独行は南極点よりも一〇倍くらい難しいし、北極点無補給単独徒歩は三〇倍くらい難しい。北極での難しさと言えば、揺れ動く海氷、立ち塞がる乱氷やリード、ホッキョクグマの襲来、極寒の環境、などである。南極では、それらの要素が全て存在しない。大陸の氷床は動かず、クマも生息せず、クレバスの位置もあらかた事前に予測できてしまう。そして、それぞれの夏と冬を比較すると北極に比べれば遥かに寒い南極は、物理的に一番暖かい真夏にしか内陸に入ることができないため、海氷の安定を狙って最も寒い時期に歩く北極海から比べると気温が高く、白夜の太陽は気温以上の暖かさをもたらしてくれる。北極と南極はどちらが寒いの？　という、定番の質問に素直に答えるならば、答えは「南極」であるのだが、そこに「冒険をする上ではどちらが寒い？」という枕詞《まくらことば》が付いた瞬間に、答えは「北極」となる。南極での冒険行は、実は暖かいのだ。

例えるならば、北極海が伝説のボクシングヘビー級王者マイク・タイソンだとすれば、南極点無補給単独徒歩はバンタム級日本ランキング一〇位くらいのイメージだろうか。当然、素人が闘ったら日本ランカーには秒殺されるだろうが、マイク・タイソンと闘ってきた身からすれば負ける要素が見当たらない。そんな印象である。北極海と南極大陸では、そのくらい難易度が異なるのだ。

とはいえ、私にとって初めて訪れる南極である。五〇日あれば南極点に到達できるであろうと予測を立てたが、私は余裕を持って六〇日分の食料を用意した。そして結果は予測通りの五〇日目での到達だった。三〇日目を過ぎたところで、この調子では確実に五〇日で終わってしまうことを確信し、余剰食料の一〇日分のうち五日分は手付かずで確保しておくとして、確実に残る五日分は消費してしまおうと毎日の食料を増量して頑張って食べ始めた。しかし、あまりにも毎日満腹になりすぎ、腹を下して下痢気味となったために数日で規定量に戻してしまった。あの北極点挑戦の食料制限をかけてまで時間を捻出《ねんしゅつ》しようとした瞬間に、タイムスリップして届けてやりたい思いだった。

それまで北極ばかりに通い続けた私が、難易度も遥かに落ちる南極点を次の目標に決めたのは、ある理由があった。

挑戦の余地を探る

南極点に行こう。

そう考えたのは、二〇一六年のカナダからグリーンランドへの単独行が終わった後のことだった。

それまで海外と言えば北極への冒険しかしたことのなかった私が、初めての「北極ではない」海外渡航先として、南極点への無補給単独徒歩を決めた。それまで、日本人としては成功例のないものだったのだが、自分の中ではそれはどうでもよかった。日本人初であろうが、五〇番目であろうが、どちらでもいいのだ。タイトルを獲りに行った訳ではなく、これまで自分がまだ行っていない場所を体験し、それを自分の言葉としたい、そんな思いがあった。それは、北極に対する「未知」が自分の中に失われつつあるという、密《ひそ》かな危惧《きぐ》があったことで、新たな世界を求め始めていたということなのかもしれない。

二二歳で初めて北極に行った時は、これから自分の身に起こるであろう変化に期待し、未知の世界への憧れに溢れていた。純粋なワクワク感に満ちていたのだ。

初めての北極から一八年の時が流れ、渡航回数も増えていくと、これから訪れようとしている北極でどんなことが起こるか、それにどう備えるべきかが事前に見えてしまう。見えすぎてしまうのだ。それは、二〇一六年のカナダからグリーンランド単独行の遠征全体を通して「完全に読み切れていた」という実感の中で終了したことも大きかったはずだ。事前の準備段階で穴が開くほど地図を眺め、様々なデータを読み取ることで、これから訪れようとしている未知のルートも想像できてしまい、実際に行ってみるとその想像を大きく外れることなく、想定の内で遠征が終わっていく。それは、冒険としては安全に終えることができる一方で、物事の面白さが失われていくのだ。

二〇一四年に北極点再挑戦を行なった時は確かに読み切れていなかった。挑戦した当時は、まだ自分の中に北極海を想像し切れていない部分が大きかったのだ。ただ、二度の北極点挑戦を通して、北極海の正体を見た気がしていた。すでに、北極海でさえ想像の範疇《はんちゅう》の内にあると思っている。

そんな北極での冒険を長年続けていると、自分にとって「想像の範囲外」の活動を行なうことが次第に困難になってくる。もしかしたら、それは単なる思い過ごしかもしれない。分かった気になっているだけの可能性もある。だが、完全に理解するのは無理であっても、それまで捉え切れなかったものに触れることができた、という実感は確かなものだ。できるできないの結果の話ではなく、未知の要素に溢れていたものを経験や技術によって「捉えた」と思えるかどうかなのだ。その果てしない繰り返しこそが成長であり、その確かで正しい過程の中に自分の身を置いているという実感こそが、冒険を行なう意義でもある。分かりやすく言えば「できなかったことが、できるようになっていく」という体験を伴った手応えを得ていくことだ。

経験を積み「できること」を増やしていくということは、つまり「できないこと」を減らしていくことなのだが、それは同時に「できるようになる」という体験の機会を失うことにも繋《つな》がる。事前に読み切れてしまう、というのは未知を求める者にとっての不幸である。

もう一度例えをボクシングに戻せば、北極点無補給単独徒歩に最初に挑戦した頃は、まだ最大の敵であるマイク・タイソンがどれだけ強いかを知らなかった。実際に戦った経験のある人の話を聞いて「そうか、タイソンとはそれだけパンチが強く恐ろしい相手なのか」と、頭に叩《たた》き込んで臨んだものの、実際に立ち向かったら殺されるかと思うくらいに怖かったのだ。最初の挑戦は、技術以前に北極海の迫力に負けて序盤で断念した。一ラウンドKO負けだ。二度目の北極点では、一〇ラウンドくらいまで粘って闘った。前回が一ラウンドしか闘っていないため、ゴングが鳴った時には、まだマイク・タイソンたる北極海の本領を知らなかった。しかし、そこでようやく相手の本気を見た。全力で闘った結果、充分に立ち向かえる相手であると実感した。北極海の弱点も見えたし、攻め方を学んだ。次にやったら、順当に闘えば勝てると実感してしまったのだ。勝ち方が分かると、今度は闘う理由がなくなってしまった自分がそこにいた。勝ちたいのではなく、勝てるようになるという実感を、体験を通して得たいだけなのだ。

かつては私も北極に対して全てが未知だった。心が躍るような、新しい世界への期待感が溢れていたはずだ。しかし、北極に通えば通うほどに未知の要素が乏しくなってきた時、もう一度、知らない世界への期待感を胸に旅をしたくなったのだ。

南極点は、自分にとって初めて北極に行った時のようなワクワク感をもう一度感じさせてくれる場所になってくれるはずだ。知識としては南極は未知の場所ではない。歴史の中で多くの探検家や科学者が記録を残している。南極に行かずに気温が何度で風速何メートルの風が吹き、標高はどれくらいかというのは知ることができる。しかし、私にとっては誰かの体験記や学術書をいくら読んでも分からない、体験を伴って初めて知ることのできる南極を知りたい。北極海を初めて歩いた時に感じた、言葉には尽くせないような恐怖感は知識だけで理解できるものではない。知識をいくら頭に叩き込んだところで、それは「南極を捉えた」とは到底思えない。行って体験してみないと分からないことを知りたいのだ。

南極点無補給単独徒歩は、自分にとっては挑戦でも冒険でもなかった。それでも、初めて訪れる南極への期待感、そして、一度体験してみることでさらなる南極大陸での困難さを求めた挑戦の余地を探るために、南極点無補給単独徒歩を決めたのだ。

商業冒険の現場

二〇一七年一一月一〇日、私は南極に向けて羽田空港を出発した。カナダのトロントを経由し、南米チリのサンティアゴで飛行機を乗り換え、南米大陸の先端に位置するプンタアレナスまでの三六時間の移動だ。私にとって初めての南半球でもあった。

細長いチリの南端近くにあるプンタアレナスの街は、南極大陸への空路による玄関口として知られている。

ここには、私が南極大陸へ移動するための航空機の運航や、南極での滞在に必要なベースキャンプの運営を行なうＡＬＥ（Antarctic Logistics&Expeditions）という民間会社が存在する。アメリカに本社を置くＡＬＥは、南極で活動する登山家や冒険家への遠征のサポート、または観光客に対してサービスを行なうため、南極大陸内に数ヶ所の拠点を設けている。プンタアレナスからはＡＬＥの航空機で南極大陸のユニオン氷河に飛び、そのベースキャンプから大陸の沿岸部にあたるヘラクレス入江にツインオッターで移動し、南極点への徒歩行が始まる。プンタアレナスからユニオン氷河、そしてヘラクレス入江までの移動の航空機、遠征が始まるまでのベースキャンプでの滞在、また南極点に到達後の航空機によるピックアップなど一切をＡＬＥが行なってくれるのだ。

南極点への徒歩行にあたっては、北極と異なり様々な制約が存在する。それは、南極大陸が「南極条約」という国際条約によって守られた土地であることが理由だ。南極条約によってどの国にも属さず、平和的な利用方法しか認められず、また自然環境を守るために厳しい制限が設けられた南極大陸で活動を行なうには、自分の行為が南極の自然環境に対して悪影響がないことを自国の所轄省庁に申請して認められないといけない。

日本では環境省がその役割を担っている。つまり、日本人であれば南極大陸に上陸する前に、環境省に「届出」もしくは「確認申請」という二種類の書類のいずれかを提出する義務がある。二種類の書類の差は、例えば旅行会社が企画するクルーズ船に搭乗して南極大陸に行くという場合は、そのツアーの主催会社が、自然環境に対する悪影響を排除しているツアーであることを、会社が存在している国の所轄省庁に対して証明していれば、そこに参加する乗客は環境省に対して「届出」だけ提出すればいい。どのツアーに参加するのか、自分の住所や氏名などを記入して提出するだけの、簡単な作業で終わる。一方で、個人で好きに歩いて行動するという場合は「確認申請」という作業が必要である。自分がどこで、何をして、それが自然環境に対してどの程度の影響があり、また悪影響を及ぼさないようにどのような手段を講じるか、廃棄物の処理方法や野生動物と遭遇した際の対処法に至るまで、事細かに書類にまとめ、その上で環境省に審査を行なってもらう必要がある。これは非常に手間と時間がかかる作業となる。

では、私の場合はどうだったかと言えば、実は「届出」の簡単な書類提出だけで終わっている。

それは、一人で歩いて南極点まで行くのだが、形式上はＡＬＥのツアー旅行に参加しているという形をとっているからだ。私の立場はツアー旅行の参加者であり、行動はＡＬＥの管理下に入ることとなる。

現在、南極点をはじめとした南極での冒険行の多くは、このような民間会社の支援に頼っている状況だ。もし、個人で最初から計画立案し、実行するとなれば、書類の煩雑さだけではなく、より多額の資金が必要となってしまう。南極大陸への移動や、南極内での移動に必要な航空機をどうやって手配するか。南極点まで歩く以前に、南極大陸に行くだけでとんでもない費用が必要になってしまう。

そもそも、南極大陸とはそういう場所だった。行くことすら簡単に実現できない場所だった状況に変化をもたらしたのが、一九八五年だった。二人のカナダ人登山家が、世界七大陸の最高峰登頂を目指したのだが、南極大陸最高峰のビンソンマシフに登るための現地までの移動手段が存在していなかった。そこで、集めた資金を元にイギリス人パイロットと三人で会社を設立して航空機を購入し、自分たちと同じように南極での活動をする冒険家たちをサポートするビジネスを始めた。それがＡＬＥの前身となる会社だった。

そのような会社が存在する以前はどうしていたかと言えば、例えば植村直己さんが北極点の遠征を終え、犬ゾリでの南極大陸横断を計画した際には、アルゼンチン空軍に協力を仰ぎ、軍用機で南極までの輸送や物資補給の手配を行なってもらう約束を取りつけた。しかし、植村さんの南極大陸横断が始まるその直前に、アルゼンチンとイギリスの間でフォークランド諸島の領有を巡る戦争（フォークランド紛争）が始まってしまい、アルゼンチン空軍は植村さんのサポートをすることができなくなり、計画は頓挫し南極横断は実現できなかった。

また、一九五七年から五八年にかけて、イギリスのヴィヴィアン・フックスとエベレスト初登頂者でもあるニュージーランドのエドモンド・ヒラリーによる雪上車での南極大陸横断は、イギリス空軍による物資輸送などを多用し、国家事業とも呼べる規模での大遠征隊だった。一九六六年のビンソンマシフ初登頂の際も、アメリカアルパイン協会やナショナルジオグラフィック協会が支援し、アメリカ海軍が現地までの輸送を行なうなど、大がかりなものだった。

今現在、日本において独自の南極大陸への輸送手段は、南極観測船しらせによるものだ。しらせは海上自衛隊の艦船であり、植村さんがアルゼンチン空軍に頼ったり、アメリカ海軍がビンソンマシフ初登頂の輸送を行なっているのと大した違いはない。しかし、私の冒険の輸送手段として、海上自衛隊にしらせを貸してくれ、と頼んでも間違いなく断られるだろう。

ＡＬＥのような民間会社の支援以外の道を探そうと思えば、いずれかの国の南極基地やそこに輸送手段を持つ組織に協力を仰ぐ以外にない。もしくは、かつてのアムンセンやスコットのように、自分の船や自前の航空機で南極大陸まで乗り入れるか、である。そこに、民間会社が個人への冒険サポートを目的に参入してきたというのは、我々のような者にとってはありがたい話である。しかしその一方で、かつては限られた実力者だけに旅することが許された場所が、観光地化していくという現実もある。

世界最高峰であるエベレストなどは、その最たるものだ。かつては一つのシーズンに入山できる登山隊数に制限があったため、必然的にエベレスト登頂を目指す登山隊は世界の中でもトップクラスの実力者が集まっていた。しかし、現在では以前のような隊数の制限もなくなり、多くの登山隊がやってくるようになった。プロの山岳ガイドが、顧客となる登山者を手取り足取り指南して、荷物も持ってあげます、現場での判断は全てガイドがしてあげます、という具合に半ば担ぎ上げてくれるくらいの充実したサービスを提供する商業登山が隆盛となり、登攀《とうはん》用具の使い方も最近覚えたような素人が続々やってきている現状がある。南極点への徒歩行は、北極に比べれば難易度も落ちるため、冒険に憧れのある人々がＡＬＥのような民間会社の支援による商業的な管理下で旅を行なうことが、この二〇年ほどで急拡大した。

実は南極点と同様に、北極点にも商業冒険ビジネスは存在する。それは、北極点や南極点から一〇〇㎞の地点まで飛行機で一気に飛び、そこから極点までを一週間ほどかけて経験豊富な冒険家のガイドと共に、ソリを引いて歩いていくツアー旅行だ。これはLast Degree（ラストディグリー、最後の緯度一度）と呼ばれるツアーであり、北緯もしくは南緯八九度から北極点や南極点までを少しだけ経験するものだ。南北両極点へのラストディグリー、そして南極点への全行程の踏破には素人同然の挑戦者も多い。それは、比較的安易に「到達」というタイトルを得ることができるからだ。

北極点への全行程踏破となると、現在においても途端に限られた実力者だけの世界となる。山や極地に限らずどこの世界でも、ごく限られた実力者以外の観光客の延長のような人が多くやってくれば、分母に比例して増加する事故を未然に防止するための「管理」の原理が働く。今回の南極点遠征では、これまで私が活動してきた北極にはない、商業的な冒険ビジネスの管理下に置かれるという状況になる。冒険とは管理されることと真逆な行動であるはずだが、ビジネスが介在すると途端に事情は変わる。私にとってそれはそれで、どんなものであるのか興味があった。商業主義の冒険ビジネスを体験もしていないのに批判もできないだろう。私ははじめから、南極点遠征に対しては「冒険とはこうあるべき」なんていう堅苦しい挑戦的な意味を持っていなかった。というか、私には元々それらのこだわりがないのだが。南極点への旅は、これまで見たことのない世界、出会ったことのない人々に出会う旅であり、これから先、南極での活動の可能性を探る旅なのだ。

観光地化する南極

一一月一五日、プンタアレナスから南極大陸に移動する。移動手段は、イリューシンというロシアで開発されたジェット輸送機である。巨大な格納庫のような機内には、前部を客席とし、後部には機体上部まで埋め尽くすほどの物資が搭載される。ロシアで開発された航空機のため、寒冷地での輸送力に実績がある機体だ。同乗する顔ぶれを見ると観光客が多いようだが、南極大陸最高峰のビンソンマシフ登頂を目指すチームや、私のように南極点を徒歩で目指す単独のイギリス人男性、中国人女性とガイド役のカナダ人男性のペアも同乗していた。

プンタアレナスから五時間ほどのフライトで南極大陸に到着した。ALEが拠点を持つユニオン氷河の青氷に設けられた滑走路に機体が降り立った。

周囲は急峻《きゅうしゅん》な岩山が居並び、山間《やまあい》にはたくさんの氷河が見える。いよいよ南極上陸だが、あっという間に飛んできてしまったのであまり実感がない。滑走路からはALEの雪上車や四駆の車両で一〇分ほど走り、ベースキャンプとなるテント村へ移動した。

このユニオン氷河では、ALEのスタッフと南極点までの遠征に関する打ち合わせを行ない、最後の準備を整えた。

ルート上にあるクレバス帯の詳しい情報はユニオン氷河滞在中にALEのスタッフから提供される。これも、彼らの管理下に入っているという都合上、事故を起こさないための安全対策だ。北極のように、誰も知らないポリニアの発生傾向を衛星写真で時間をかけて調査しておくようなことは、全く必要ない。極端でもなく、全く無知でここに来ても危ない場所を全てレクチャーしてもらえる

ユニオン氷河のテント村

のだ。私はそんなレクチャーがあることは知らなかったので、過去の同ルートを通過した人たちの記録からクレバス帯の位置を調べていたのだが、そんな必要はなかったのかと驚いた。ここまで管理されるのだなと拍子抜けした気分だ。

ALEとのミーティングでは、装備はどのようなものを持参するかの確認も求められる。貧弱な装備で臨み、事故を起こされると彼らに責任が及ぶ可能性があるための防衛策だろう。今では、極地冒険の世界にも「マニュアル」のようなものがある。世界の極地冒険家がよく使っている「定番の装備」があるのだ。それを真似《まね》して使っていれば、とりあえず極地を歩く形が整う。テントなら赤いヒルバーグ社のテント、ソリはノルウェーのアカプルカ社、ブーツならアルファブーツでスキーのセットはフィッシャーのどれそれ、みたいなことだ。それらの装備セットの使い方は、海外の冒険家がビジネスとしてやっている、素人の冒険志向者に対する訓練体験で教えてくれる。ユニオン氷河に集まっている他の南極点遠征、ビンソンマシフ登頂の遠征隊の装備を見ると、大体似たり寄ったりである。私以外、みんなテントが赤い。同じメーカーのものを揃《そろ》って使っている。それを否定するつもりはないが、自分で使う装備は自分で選び、気に入ったものがなければ自らつくり、試行錯誤をしたいと考えている身からすれば何とも面白くなさそうに見えるのだが、きっとそんなことは考えていないのだろう。これも興味の対象の方向性の違いなので、私にとってはどうでもいいことだが。

ユニオン氷河のキャンプでは、まるでヨーロッパアルプスの観光地のようなもてなし（行ったことがないので単なる想像だが）が供せられる。大きなカマボコ型のキッチンテントでは、日々の食事は専属の料理人が様々なメニューを工夫して、ビュッフェ形式で食べ放題だ。トイレはしっかりと鍵のかかる綺麗《きれい》な小屋が立ち並び、漏れそうな時に駆け込んでも誰かの後を待つ必要はない。アメリカドルを持参していれば、お土産店でユニオン氷河グッズや南極大陸グッズを買うことができる。ワッペンやキャップ、ティーシャツにマグカップなどが並べられている。一〇〇年前に南極点からの帰路に氷上で死んだスコットは草葉の陰で何を思うか、隔世の感である。アメリカから来たという年配のご婦人は、背中を曲げて杖《つえ》を突き、やっと歩いて他の人の後をついていけるという具合だが、ここからツインオッターに乗って、コウテイペンギンのコロニー（営巣地）を見に行くツアーに参加するという。

一〇〇年前には一大事業として南極大陸に探検家たちがやってきたが、今では観光地である。最短で二〇三〇年代には人類は火星への有人飛行を実施するという話があるが、一〇〇年も経《た》てば火星への観光ツアーが一般的になるのかもしれない。

一一月一七日、南極点へのスタート地点となるヘラクレス入江にツインオッターで向かった。いよいよ南極点への旅が始まる。北極点へのスタートの時のような、恐怖で泣くような緊張感は皆無だった。

南極点への徒歩行が始まってしまうと、あとはひたすらに単調な日々だ。北極のように、海氷の動きもなければホッキョクグマもおらず、ポリニアのような危険性もない。毎日歩く、寝る、飯を食う、その繰り返しである。そんな変わり映えしない毎日を五〇日繰り返したら南極点に着きました、でこの章を終えることもできるのだが、それではあまりにも淡白なのでもう少し南極点への旅を掘り下げてみよう。

南極大陸は、大袈裟《おおげさ》に表現すれば鏡餅のような形をしているとよく言い表される。長い年月をかけて降り積もった雪が自重で押し固められた氷床が大陸を覆い尽くしている。日本の三七倍ほどの面積の九八%が氷に覆われている大陸である。その氷床は内陸に向かうほど厚くなり、南極点で標高二八〇〇mを超え、最も厚い場所では標高四二〇〇mにも達する。ヘラクレス入江は海岸線ではあるものの、氷床が海の上まで迫《せ》り出しているために、足元の氷は標高二〇〇mほどの高さがある。つまり、南極点を目指すには標高二〇〇mから二八〇〇mまで登っていくことになるのだ。とはいえ、その距離は一〇〇〇㎞以上に及ぶため、傾斜はないに等しいくらいの緩斜面だ。比較的傾斜が顕著なのはスタート直後、鏡餅の縁が切り立つような氷床に登る序盤と、中間地点を過ぎた辺りに待っているティール山脈を越える時だ。傾斜がきつくなる箇所にはクレバスも発生しやすくなるので特に注意が必要となる。

体験を通して理解する

ツインオッターが私をヘラクレス入江に降ろし、一人になると早速スタートを切った。まずは鏡餅の縁を登るように、氷床の上部まで登っていくのだ。目の前にはあからさまな急傾斜が見えている。ALEによると、南西に見える二つのヌナタック（岩峰）の間を抜けるように進むとクレバスを回避できるようだ。

初日は斜面に取りつく麓《ふもと》まで歩き、テントを設営した。気温は氷点下一二度程度でソリを引いて歩くと暑くて仕方ない。

翌日から顕著な登りが始まった。六〇日分の物資を積んだソリは一〇〇kgほどの重量となっている。黙っているとソリが滑って落ちていくくらいの傾斜を一歩ずつ、ソリを引き上げていく。斜面の左手を見ると、雪面にうっすらと黒い筋が見えていた。ザクザクに裂けたクレバス帯が広がっているのだ。南極で何よりも注意すべきはクレバスだ。クレバスさえ回避できれば、あとは大した問題はない。歩けば着くのだ、なんと気が楽か。北極海では歩いても着かない、戻される、流される、遮られる、その苦行の連続の間隙を縫うように少しずつ距離を延ばしていたことを思うと、南極では歩いたら歩いただけ進むので、着かない理由が見当たらないのだ。

氷床上部へと続く斜面を見上げると、雪面を流れるように粉雪を孕《はら》みながら風が吹き降りてくるのが見えた。南極では内陸氷床の高地から冷えた空気が下降気流となり、海岸線に向けて強風が吹く。カタバ風と呼ばれる現象だ。内陸に進む自分にとっては、常に向かい風を体に受けることになる。これまで多くの探検家や冒険家が南極を旅しており、その記録の中には必ずカタバ風の記述がある。私もグリーンランドや北極圏の各地でカタバ風と似たような現象を体験していたが、果たして風の本場とも呼べる南極のカタバ風とはどんなものかとワクワクしていた。せっかく来たんだから「いやー、あれは凄《すご》かった」と思わせてほしいものだ。

三日目に標高七〇〇mを越え、南への視界がひらけてきた。顕著な急傾斜は落ち着き、ここからは徐々に高度を上げていく。

進行右手、西の方向にエルスワース山脈の美しい山並みが見えている。ユニオン氷河も山脈の一部にある。あの山の連なりの先に、南極大陸最高峰のビンソンマシフもあるはずだ。タケノコが地面からニョキっと生えてくるように、氷床から標高三〇〇〇〜四〇〇〇m級の山並みが飛び出しているように見える。そんな山脈の、山頂部が三角形に尖《とが》っている様相を見ていると、おそらく随分昔は山頂部まで氷床が覆い尽くしていた時代もあったのだろうと想像する。今の南極大陸は、氷床が減少している時代だという。膨大な量の氷が載っている南極大陸は、その重みで地盤沈下しているらしいが、氷床が減っていくとその重みが軽減され、沈んでいた地面がまた隆起していくというのだ。数十万年、数百万年単位の変化は、人間の尺度では遥かな長い時間のように思われるが、地球誕生からの四六億年を考えれば、一〇〇万年ごとの変化なんて、人間の一生に例えれば先週は雪が降って今週は晴れた、くらいの尺度だろう。

南の方向に、進行の目印となる三つの三角山「スリーセールズ」が見えてきた。船の帆を三枚掲げたような、特徴的な山だ。数日はスリーセールズをまっすぐ目指して進行していく。スリーセールズを捉えてしまえば、そこからは西経八〇度に沿って、延々南極点までまっすぐ南下していくだけだ。

氷床の上部に登ると、正面からのカタバ風も強く感じるようになってきた。足元に大きく刻まれたサスツルギがカタバ風の強さを物語っている。が、大抵は毎日吹いているカタバ風であるが、思ったほどの強風でもない。季節によってとんでもない暴風も吹くのだが、夏のこの時期は穏やかなのだろう。確かに秒速一〇mほどの風は毎日のように吹き続けるのであるが、せいぜいその程度である。吹き続けるが、猛烈な風にはならない。北極であれば無風の日も多いが、ブリザードがやってくると直立することも苦労するような強風が何日も吹き荒れる。この程度の風であれば、高気温の中でのソリ引きで熱くなった体を冷やすのに丁度いい。

それらは全て、体験してみて初めて自分の言葉として理解できる事柄だ。確かに噂《うわさ》に名高いカタバ風は拍子抜けするくらいのものだったが、拍子抜けして初めて分かることがある。風の強さは地形と密接に関連している。風の強さ、方向、サスツルギの大きさなどを観察し、南極の地図を改めて眺めていると、なぜ自分のいる場所でカタバ風が吹いているのか、理由やその強さの要因が体験を通して理解できる。この「体験を通して理解する」というのが、私が南極にやってきた大きな理由の一つだ。誰かの本を読み、文字から得られる情報としてしか知らなかった南極大陸を、自分の足と体を使って知るのだ。

ソリを引いて歩く日々は単調だ。南極では特に、である。北極海では常に周囲に意識を払っている。海氷の薄い場所を見て、ホッキョクグマの接近に気を配り、氷が動いている音をなるべく早く察知しようと聞き耳を立てている。しかし、南極ではクレバスへの意識を払っているが、それは見れば分かることなので音の情報は問題にならない。今回の南極点では、五〇日間のソリ引き中は常に音楽プレイヤーのウォークマンを使用して、歩いている間に気を紛らわせていた。南極を歩きながらウォークマンとは、これは何かの暗示であろうか。まあ、単なる偶然だ。

聴いていたのは、洋邦問わず各種音楽、ラジオドラマ、オーディオブック、テレビ番組の音声、などだ。何度も繰り返し聞いていたのは「人志松本のすべらない話」である。これがとにかく面白くて重宝した。一人で南極を歩きながら、大爆笑していた。放送五回分を録音してきたのだが、毎日一〇時間以上を五〇日も歩いていると、次第に聴くものがなくなってくるので、「すべらない話」をもっとたくさん録音してくれればよかったとひどく後悔した。

カタバ風によってできたサスツルギ（風が削った雪面の隆起）

それ以外によく聴いていたのが、竹原ピストルの歌とシャーロックホームズのラジオドラマ、冲方丁の小説『天地明察』のオーディオブックだった。南極を歩きながら、竹原ピストルの男臭い歌詞と歌声を聴いていると、どうにも心に響いてきて、活力が湧いてくるのだ。『天地明察』も、江戸時代に天体観測から正確な暦をつくり出す実話を基にした小説で、旅、北極星、試行錯誤など自分のやっていることに通じるストーリーから非常に感銘を受けた。

何を考えながら歩いているのかという質問をよく受ける。確かに南極ではウォークマンから受動的に流れてくる音楽を聴き続けていたが、北極では常に氷の動く音を聞いている必要があるため、耳を塞ぐことはできない。ではそんな時、何を考えていたのかと思い返してみても、よく覚えていない。考えるべきことはたくさんある。太陽の位置と時間、それに風向きや風紋を常に意識しながら、方角をわずかでも逸らさないようしなくてはいけない。海氷状況の微妙な変化にもすぐに対処するために、観察は怠れない。雲の流れから今後の天候の変化も察知しなくてはいけないし、肌に感じる湿度の変化も天候を知らせる情報だ。ただ、これらは考え事ではなく、開いた五感が勝手に察知するものだ。

自分は歩きながら何を考えているのだろうか。空腹感から「日本に戻ったらあそこのカツ丼を腹いっぱい食べたい」とか「今、日本は夕方かな。みんな帰宅する頃かな」なんて思い出してみるが、もはや日本での日常は遠い世界のことだ。今、自分の日常はここにある。そうなると、これまで自分の見知っていた日本の日常がなんだか滑稽に見えることがある。自分は半径何百㎞も無人の世界にいるのに、満員電車のなんと不思議な現象であることかと。もうちょっとこっちの世界にも来ればいいのに、なんて思ってしまう。

日本の日常を生きている人からしたら、北極や南極を一人で歩くなんて完全に非日常の世界での出来事だと思うだろう。そんな非日常ではどんなことを考えるのか、そう疑問を持つはずだ。ただ、極地の世界に入り込むと、そこはもう自分にとっての日常となる。極地の日常の世界において日々考えることは、多くの人が日本という日常で生きている現実と、さして違いはない。日常の世界で考えることは、例えば「今日のご飯は何にしよう」「次の休日はどこに行こう」「夕日が綺麗だな」「こんなところに新しい店ができたのか」と、挙げたらキリがないくらいに毎日多くを考えるはずだ。「北極を一ヶ月歩く中で何を考えているんですか?」という質問は、日本での日常に対して「今日までの一ヶ月間、何を考えていましたか?」と聞かれるのと同じくらい、答えに困るのだ。「いや、いろいろ考えているけど、特にこれ、というものはないです」としかならない。

旅とは、日常と非日常の逆転にその本領があると私は思っている。

多くの人は、自分の生活している世界から遠く離れたところへ旅行することに「非日常性」を求めていく。しかし、旅に出た価値が生まれるのは、行った先が日常となり、本来自分がいた場所が非日常に感じられる瞬間だ。その時、自分が知っていた世界、当たり前だと思っていた日常を別の見方で捉える視点を持つ。日常と非日常ではなく「たくさんの日常」を行き来できる人は、豊かな視点を持つことができるだろう。極地への旅は、私にとって日本とは違う日常を営ませてくれる体験だと言えるのだ。

出発一〇日目から天候の悪い日が続いた。雲が厚く、積雪が深くなり進行の妨げとなっていた。一一日目は地吹雪《じふぶき》のため休養日とした。歩けないほどの天候ではないのだが、この日を逃すと今後、休養日にできるほどの悪天候が訪れないだろうという予感があった。ここで休んでおいたほうがいい。

地吹雪が過ぎても数日間は視界が利かない、ホワイトアウトの日が続いた。太陽の位置も分からず、風も弱いために方向が全く分からない。こうなると、方位磁針を頼りにするしかない。北極海では北磁極が近くなると精度と針の安定性が悪いのでほとんど使うことのない方位磁針だが、ヘラクレス入江から南極点へのルートでは、南磁極との距離が遠く離れているために充分使用できる。磁力線の南と地理上の南の偏差を調べておき、それを考慮に入れて使えば迷うことなく真南へ進むことができるのだ。とはいえ、ずっと方位磁針を手に持っていてはソリ引きもままならない。牛乳の中を泳ぐようなホワイトアウトの中では、自分の進路がずれていても全く気づくことができない。そこで、とりあえず手持ちのものを利用して、スキーの上部に方位磁針を固定することにした。海

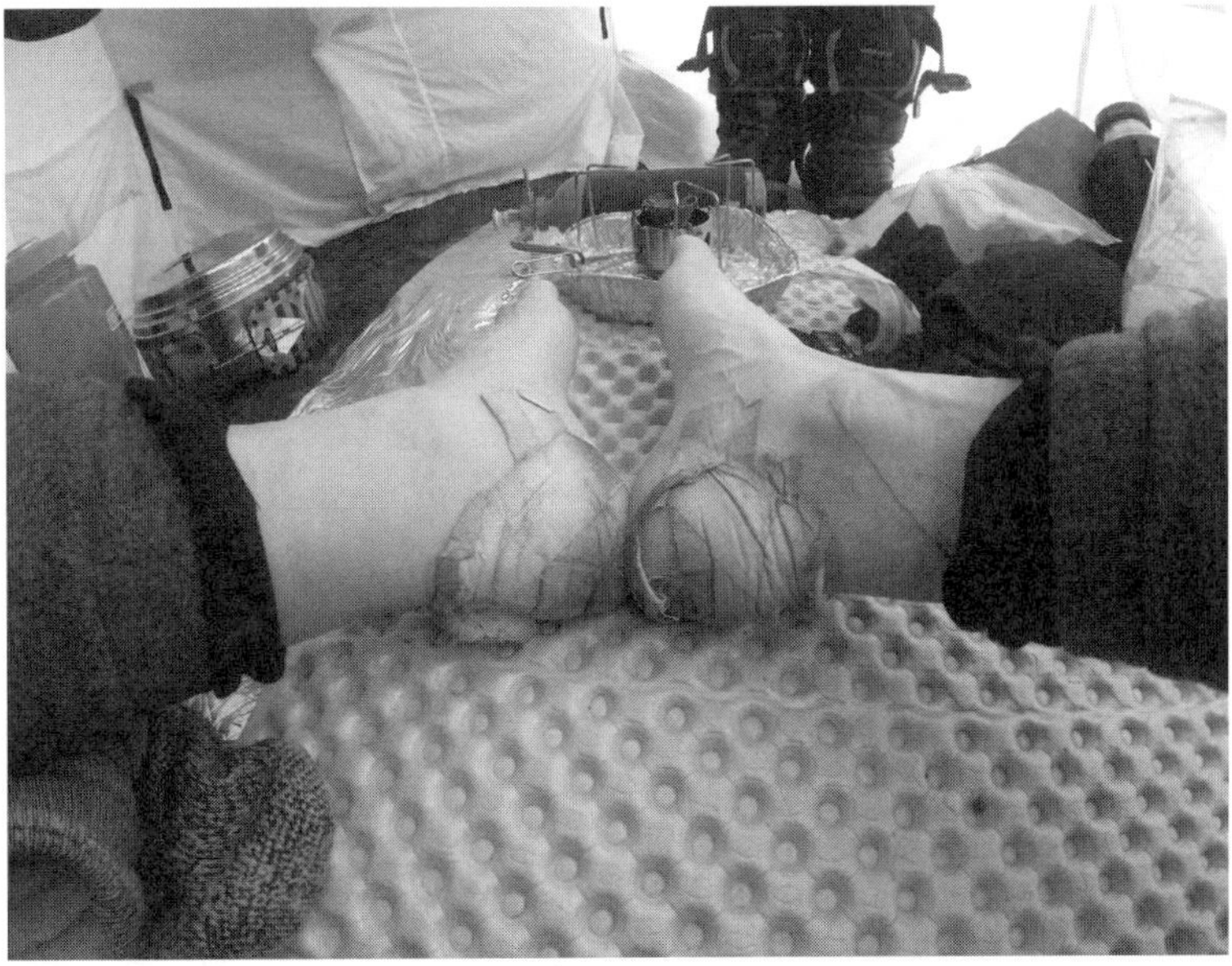

テントの中で靴擦れ予防のテーピングを施す

外の冒険家の中には、方位磁針を胸元で固定するための道具を使う人もいるが、そのためだけに装備を増やすのも馬鹿らしいと思い、私は持参しなかった。方位磁針は金属に影響を受けやすいので、スキーのエッジから距離を取れるように三cmほど底上げをして固定した。こうすると、足元を見ていれば方位磁針の針が自分の進路をまっすぐ指し示してくれるのだ。

視界不良と同時に積雪の多い箇所が続いた。南極では風が強いため、雪はあまり積もらないのではないかという勝手なイメージがあったのだが、そうでもないらしい。膝近くまで潜るような場所も多く、ソリ引きに難儀するが、このような状況も北極で散々経験積みである。のんびり黙って着実に行くだけだ。

三〇〇万円のカンパ

今回の南極点徒歩遠征には、準備段階から含めれば総額二〇〇〇万円ほどの資金を必要とした。私は北極点挑戦を行なうようになった数年前から企業のスポンサーをつけるようになった。しかし、それ以前は極地遠征のやり方も必要な資金の額も工面の仕方も今とは異なっていた。

私は二〇〇〇年に初めての北極行を経験し、二〇〇一年より一人旅を始めるようになった。

その頃は、日本にいる間にアルバイトをいくつも掛け持ちし、一日たりとも休むことなく働くことで冒険の資金を貯《た》めていた。ガソリンスタンドやホテルのルームサービス、工事現場にバーゲン会場のガードマン、大工の見習いから交通量調査や病院への配送ドライバー、カーショップのピット作業やパチンコ台の解体まで様々な仕事をやってきた。半年余りの期間で一五〇万円くらい貯め、それを持って北極へ行く。数ヶ月で全てを使い切って、日本に戻るとまた仕事漬けの日々を送るという、そんな生活を一〇年ほど続けた。

二二歳から三〇代前半まで、私の知っている世界は北極か、日本でのアルバイトだけだった。

非正規労働を掛け持ちして資金をつくりながら北極に行っていた頃は、北極を徒歩冒険しても一〇〇万円から二〇〇万円ほどの予算で済んでいた。その頃は、カナダ北極圏に点在しているイヌイットの村を繋いで長距離を歩くような旅をしていたことで、村へ飛ぶ定期便の小型飛行機での移動が可能だったため、費用は抑えることができていた。

そのサイクルが変わってきたのが、二〇一二年に最初の北極点無補給単独徒歩に挑戦した頃からだ。

北極点への挑戦となると、そのスタート地点はカナダ最北端の岬となり、ゴールも北極点。それぞれの地点は無人の世界であり、現地への移動のために飛行機をチャーターする必要があるのだが、その費用が高額になるのだ。

北極点への挑戦は、それまでの冒険とは異なり、予算は一〇〇〇万円から二〇〇〇万円と一桁《けた》増える。

次は北極点を目指そう、そう思い始めた頃から、スポンサーをはじめとした「自分で働いてつくったお金以外の資金」を集める必要性に迫られた。

二〇一〇年頃から「次は北極点挑戦」を目標に動き始めた私は、いよいよこの時が来たな、という思いだった。北極を歩いた一〇年間、その中では「これを続けて行った先には、きっと遠征の規模が大きくなる挑戦が待っているだろう」という思いがあった。北極点挑戦には、冒険の技術的な難易度の問題以前に資金の壁がある。どれだけ経験を積み、能力があったとしても資金が調達できなければスタート地点に立つことができないのだ。

北極点に目標を設定したはいいが、ではスポンサーを集めるといっても、私にはどうすればいいのか全く分からなかった。大学を中退し、それから北極に通い出した私にはいわゆる「社会人経験」はなかった。就職したこともないし、しようとも思わなかった。スポンサーを集めるとなれば、企業を相手にしなければいけない。しかし、自分は企業に属したことがないので、企業、会社というものがどんな人たちの組織なのか、よく分からなかった。一般的な知識としてはもちろん知っている。しかし、自分に経験のないものはあくまでも想像の域を出ない。誰に話をすればいいのか、何から始めればいいのか、全く分からなかった私は、まず最初にやったことは「よし、じゃあまずは会社に行ってみよう」ということだった。

私はこれまで、何か分からないことがあれば知っている人に聞きに行くことで解決してきた。北極の情報など、日本で知っている人はごく限られている。ルートの情報や、村ごとの様子などは行ったことのある人しか知らないのだ。であれば、行ったことのある人に聞きに行く、それが普通だと思ってきた。

会社に関しても同じだ。自分は会社のことは分からない、だったら、会社に行って聞けばいいんだ、そう思った。短絡的かもしれないが、これが一番の近道だと思っていた。

「北極点無補給単独徒歩到達への挑戦」そんなタイトルをつけた冒険の企画書をつくり、数枚に印刷したものと名刺を持って出かけていく。向かう先は、東京駅や品川駅など、都内の大企業の本社が集まるような地域だ。スーツを着る訳でもなく、ジーンズにポロシャツのような普通の格好で、小さなザックを担いでウロウロ歩き回る。すると、見たことのある会社のロゴが目に留まる。

「よし、ここに行ってみよう」

そう決めると躊躇《ちゅうちょ》なくビルに入っていき、受付に座っている綺麗な女性に企画書と名刺を出して話を切り出す。

「すいません、北極を歩いて冒険している荻田という者なのですが、協力していただける企業を探しています。どなたかお話、聞いてもらえないでしょうか?」

突然現れた正体不明の人物にそう言われた受付の女性は、無論、困る。だが、こんなことを何度か繰り返していくと、やがて気づくことが一つあった。それは「大企業ほど、絶対に受付の段階では門前払いされない」ということだった。相手からしたら、私は完全に正体不明の人物だ。だが、正体不明だからこそ、誰だか全く分からなければ、いずれかの部署に取り次ぐしかないのだろう。

その時の私はそこまで計算していた訳ではない。会社組織の内情なんて何一つ知らない身なので、計算のしようもない。それは、駄目元で何社か回っていくうちに気づいたことだった。

私から企画書と名刺を渡された受付の方は、困った表情をしながらも「そうですか、ではそちらにお掛けになってお待ちください」と私を席に促し、どこかに電話をしてくれるのだ。

当然アポもない。前を通りかかったから入ってきただけだ。まるでラーメン屋か定食屋にでも入るかのようにやってきているが、当時はこちらも必死である。何かやらなくては前進しない、そんな思いがあった。今から思えば迷惑をかけたかもしれないが、それどころではなかった。

しばらく待っていると、いずれかの部署の方が出てきてくれる。広報や総務といった部署の方が多かったと思う。呼ばれて出てきた方も、受付から電話があったから出てきたけど、誰が何の用事で来ているのかさっぱり分かっていない。そこで私は、本題に入って話をする。

自分の企画書を出し、何をやっている人物で、これから何をしようとしているのかを話すのだ。

今から思い返すと、そうやって自分のやっていることを人に説明する練習をしていたのだと思う。

相手から質問が来れば、なるほど人はそういうところを疑問に思うのかと知る。そこでいろいろな人に会うことができた。

一年ほどはそんなことをひたすら繰り返していたが、実は結果的にそこからスポンサーの話に繋がったことは一度もなかった。でも、当時の自分の考えとしては、それでよかった。まさか、こんなアポなし飛び込みから協力してくれる企業が見つかるような奇跡は起こらないであろうことは分かっていた。ただ、ジッとしていられなかっただけだ。

アポなし飛び込みで会社訪問をしていると、いろいろな人に出会う。出てきてくれた人によっては、面白がって話を聞いてくれることもあるが、その真逆も当然よくある。出てきてくれたけど、とりあえず話を聞いてもらってから「はい分かりました、お引き取りください」が六割。面白がって聞いてくれる人が二割。親身になってくれる人が一割。ぞんざいに追い返されるように扱われることが一割、といったところだ。

誰もが知るような、とある大手企業に行った時のことは今でも忘れない。その会社は、かつては冒険への支援なども行なっており、今でもその時代の実績を広告に使用することもあったため、話くらいは聞いてくれるだろうと期待し、いつも通りにアポなしで受付に飛び込んだ。しばらく待っていると、広報担当の方が出てきてくれたので、企画書を見せながら一通り説明した。その話が終わるか終わらないかでこう言われた。

「いやぁ、うちの会社、今こういう冒険のサポートとか、やってないんですよねぇ。昔はやってましたが、今はそういう時代でもないんですよねぇ。それに、あなたを応援したら、何かうちにメリットあるんですか?」

　何も答えられなかった。当然だが、こんなメリットがありますなんてことは言えない。ただ次の瞬間、あまりのぞんざいな言いように馬鹿にされているような気分になった。が、自分もアポなしでいきなりやってきた正体不明の人物だ。そう言われても仕方ないし、相手の方も忙しかったのかもしれない。しかし、それにしてもこれまで何十件も会社を回って人に会ってきたが、最も相手を見下したような物言いだった。話を続けても取りつく島もない。個人的にはその会社の製品が好きだっただけに、残念な気持ち半分で席を立った。

「お時間いただき、ありがとうございました」

　最後に私はそう言って、頭を下げてその場を立ち去った。が、立ち去りながら「今に見てろよ、一〇年後にはおたくの会社から俺にお願いをさせてやるからな。その時には、前にお願いに行ったのに追い返されちゃってー、と今日のことを持ち出して断ってやるから覚悟しろよ!」と、口には出せないが心の中のデスノートにその会社の名前を書き込んだ。大企業からすれば、突然やってきた身分不詳で正体不明の男なんて取るに足らない存在だろうから、忙しい合間を縫って時間をつくってくれただけありがたいと私が思うべきなのかもしれないが、でもこの時はそうでも思っていなければ、アポなしでの飛び込みなど続けられなかったのかもしれない。

別の大手のＩＴ系企業に行った時には、受付には無人でタッチパネルだけが置いてあり、事前の約束がある担当者を直接呼び出すシステムが導入されていたことで、何もできず、話をする相手すら呼び出せずに逃げ帰ったこともある。

その一方で、親身に話を聞いてくれる人もいた。面白がって話を聞いてくれて、その後も時々「荻田さん、頑張ってますか?」と連絡をして気遣っていただいたり「この人に会ってみたらどうですか?」と紹介をしてくれることもあった。時々起こる、そんな人たちとの出会いが励みとなり、とにかく人に会い続ける日々を送った。

青山の本田技研工業の本社に飛び込んだ時はまさにそうだった。いつものようにアポなしで受付に行き、総務の方が出てきてくれたのだが、私の話をしっかり聞いてくれてその後も度々連絡をいただいた。「さすがに会社として何ができるなんてことは言えないですけど、個人的には応援していますよ」と言ってくださり、加えてとても参考になる話をしていただいた。

あれから時が流れ、今私が主催している、夏休みに小学生たちとキャンプしながら長距離を踏破する歩き旅「100miles Adventure」では、サポート車両としてホンダさんに協力していただいている。あの時の飛び込みとは全く別ルートで協力していただくことになったのだが、私の中ではやはりあの時に感じた恩義が忘れられず、サポート車両でお願いするにはホンダさんだろうという思いがあった。

そんな飛び込みの日々を一人で続けていると、やがて私の動きに興味を持ってくれる人が少しずつ増えていった。出会う人に「次は北極点」と言い続け、そのために毎日を過ごしていると、私の本気度やこれまで北極に費やしてきた時間とエネルギーについて正当に評価してくれる人が現れ出したのだ。がむしゃらに一人で走っていたはずだが、ある日ふと気づくと周囲に伴走者が増えている実感があった。自分のやっている冒険を手伝ってくれと頼んだ覚えは、私にはあまりない。でも、知らぬ間に手伝ってくれる仲間が増えてきた。仲間は必要だ、でもあえて仲間を望んだことはない。お互いの間に、物理的に目に見える形での利益交換は何ら発生しないのだが、一緒に走ってくれるのだ。仲間が増えると、自分一人ではできなかったことができるようになっていく。一人では、いつまで経っても一人分の動きしかできないのだが、二人だと二人分以上の動きができるようになった。私は最終的に仲間が誰も現れず、たった一人でもやる気があるし、またやれる自信もある。だが、他人に依存する訳ではなく、お互いの力を補完し合って自立した立場で助け合える仲間というのは、本当の力になる存在だ。私の周りには、知らない間にそんな人たちが増えていた。私自身が求めた訳ではなく、気がついたらそこにいたのだ。

二〇一二年の最初の北極点挑戦では企業からのスポンサーはほとんど集まらなかったものの、仲間たちの助けもあり、一般の人たちから広く支援を集めて最低限の資金で挑戦することになった。当時はまだクラウドファンディングという名称は一般化しておらず、私個人の銀行口座に振り込みをしてもらう手法をとった。要は、昔ながらのカンパを集めるというやり方だ。私が北極点に挑戦することと、その資金集めを行なっていることが朝日新聞の夕刊の記事として掲載されたこともあり、それを見た多くの見知らぬ人が支援を寄せてくれることもあった。

とはいえ、日本出発直前まで必要な資金は充分に集まらず、とにかく出発して不足分は後から考えるしかないという勢いで、北極点挑戦に向けての準備を進めた。

そんな最初の北極点挑戦での資金集めに奔走していた時、忘れられない体験をした。日本出発を三日後に控えたその日、私は最後の準備に都内を動いていた。電車移動のついでに遠征用の銀行口座の記帳を行なったところ、ちょうど通帳の最後のページの最後の行で現在の出入金の取引記録が終わった。「おお、ぴったりで通帳が終わった。こんなことあるんだな」と思いながらその記録を見直していると、記帳した最後のページの最後の行におかしな取引記録が印字されていた。入金の欄に「三〇〇万円」と書かれている。なんだこれ？　と思い、これは最後の行に合算が記帳されるんだっけ？　なんて考えながら、前のページも見返してみるが、そんなことはない。預金残高が、確かに増えている。これはいったいなんだろうかと思い、事務局の仲間に電話をかけた。

「今、記帳したら、三〇〇万円の入金があるんだけど、これ、なんだろうか？」

「ああ、それ、さっき年配の女性の方から電話があって、朝日新聞の記事を見てお金振り込みましたからって話していたけど、たぶんそれだよ」

それにしても三〇〇万円とは、桁を間違えているんじゃないだろうか。事務局で控えていたその女性の電話番号にすぐにかけてみた。すぐに電話が繋がり、記帳して入金を確認したこと、会ったこともない方なので簡単な自己紹介とこれからの計画などもお話しした。すると、電話口でその女性はこう言った。

「私も弟がいて、山登りが好きだったんですが、だいぶ昔に山で亡くなったんですよ。若い人たちには体を大事にしてほしいし、決して無茶なことをしてほしくない気持ちはありますけど、それでも思い切り挑戦してほしいので、気にせず使ってください」

三日後には日本を出発しなければならず、その女性の住まいも遠方だったので直接お礼に行けないことを詫《わ》びながら電話を切った。結局、その三〇〇万円の入金があったことで、なんとか資金的な不足をギリギリのところで賄うことができたのだ。

スポンサー集め

私は五年ほど前から、自分の極地遠征に企業の資金援助を受けてきているが、ほとんどプレゼンテーションをしたことがない。つまり、私の冒険が相手企業にとってどれだけ親和性があり、社会に対してこんなメッセージを発信できるので、私の挑戦に協力する御社のメリットはこんなことですよ、といった説得作業を、私はした覚えがない。

南極点に向けての資金集めをしていた時に、こんな出来事があった。

私は、二〇一六年のカナダ～グリーンランド単独行の時から、パナソニックからカメラの機材提供を受けていた。パナソニックと出合うきっかけも、ほんの偶然からだったのだが、その時はカメラ機材のサポートだった。

二〇一六年の遠征が終わり、次は南極点に向けて私の意識が動き始めた。当然、多額の資金が必要だ。パナソニックの私の担当は岡さんという方なのだが、岡さんに対しては「次は南極点をやろうと思っている」と伝えていた。資金が必要なことも伝えていた。しかし、それからしばらくの間、岡さんからは南極点の支援に関しては特に何の話の進展もなかった。

南極点への準備を進め、いよいよ日本を出発する三ヶ月ほど前のことだった。南極への移動に必要な飛行機のチャーター料などは支払い、あとは行くだけなのだが、一〇〇〇万円近いチャーター料を支払ったところで資金が底をついた。まだまだこれからお金は必要になるのだが、どうやって工面しようか。そこで、三ヶ月前では難しいことは承知の上で、岡さんのところに「お金をなんとか支援してもらえないだろうか」というお願いに行ってみることにした。しかし、カメラ機材は出してくれるという話になっていたが、お金の話をこれまで岡さんにしたことがない。

その日、いつも通りに会って、会議室の席に着くと、開口一番、岡さんが喋《しゃべ》り出した。

「今日、荻田さんに見てもらいたいものがあるんですけど」

そう言って、数枚の企画書を私に提示してきた。

「これ、何ですか?」と私が尋ねると、岡さんは続けた。

「荻田さんが南極を次に計画しているという話を前に聞いてから、ずっと考えていたんですよ。どうやったらきちんと荻田さんを応援できるかって。で、ちょうど私がやることになっていたカメラのグローバルマーケティング用の広告企画に、荻田さんの名前を入れてみたんです。北極で実際に使って、撮ってきてくれた素材もあるので」

私の知らないところで、岡さんは何やら考えていてくれたらしい。さらに続ける。

「それで、荻田さん一人だと、正直まだ海外向けの広告の提案をしても社内を通せないので、何人かのカメラマンとのシリーズとしてどうかなと。まだ誰にするか決まってないんですが、荻田さんの名前はもう入れてあるんです。で、実はこの企画ですでに社内を通してあって、荻田さんにこれを見てもらってOKが出れば、広告出演料の形でまとまったお金も支払えるし、南極の資金にも間に合うと思うんですが、どうでしょう? 受けてもらえないですか?」

私はびっくりして何を言っていいのか分からなかった。瞬間的に状況が飲み込めなかったが、今日、自分は岡さんに「お金を支援してもらえないか」というお願いに来たつもりだったのに、気がついたら自分が提案を受けて、OKするかしないかの判断を委《ゆだ》ねられているということらしい。何だこれは？

「はい、もちろんお願いします」

私はそう答えた。

「いやぁ、よかったですよ。実は心の中では荻田さんに断られたらどうしようって、ちょっとドキドキしてました」

お願いに来たつもりなのに、なぜ自分が許可する立場に立っているのか。いつまでも不思議な気持ちが抜けなかった。

「ちなみに、他のカメラマンって候補はあるんですか？」

私が尋ねると、岡さんは言った。

「これから選定するんですが、一人はいつも一緒に仕事をしているカメラマンで、ピューリッツァー賞を二回受賞しているフォトジャーナリストがいるんですが、彼に頼もうかなと思ってます」

「そことの横並びで俺って、おかしくないですか。カメラマンとしてのレベルに差がありすぎでしょう」

私は笑って正直に言ってしまった。

「いや、私は荻田さんで絶対に行きたいと思ってますよ」

この岡さんの企画によって、私はパナソニックの海外向けのカメラ広告に出ることになり、アメリカの「TIME」誌に私の顔が一面広告で使われたり、毎年ラスベガスで開催される世界最大の家電の見本市CESに合わせて、巨大な広告がラスベガスの街中で使われたりした。広告に出ることは嫌でもなければ、自慢するようなことでもない。私個人の感情としては、どちらでもいいことだ。世話になった岡さんのような人に報いるためにに出るのであれば、それは喜んで楽しんでやっている。

後日、岡さんにこの時のことを尋ねた。なぜ、私には事前に広告企画を進めていることを言わなかったのか、ということをだ。

「荻田さんに事前に相談して、それで社内を通せずに何の形にもできなかったら、荻田さんに期待だけ持たせてただ落胆させるだけになってしまう。だったら、最悪、荻田さんに断られても、その時は私が社内に対して謝ればいいだけだから、社内調整を先に進めました。私が荻田さんに提案する時、実は内心でこの企画が喜ばれなかったらどうしようとドキドキしてました。メーカーの立場では、それなりの金額を荻田さんにかけてくれるところは少ないだろうなと思い、その流れは変えたいなと考えて気にしていました。ただ、それは私個人の思いなので、会社にとっても荻田さんにとっても良い形になるものはなんだろうと、勝手にこちらで考えました。私もこれまで、いろいろな広告のキャンペーン企画でたくさんチャレンジしてきたので、できないことに挑戦する苦労は理解しているつもりですし、私もその中でたくさんの人に救われました。そんな意味でも、新しいチャレンジを応援したいし、一緒にやりたいなと思いました。でも、最後は荻田さんの人間力に惹《ひ》かれた訳ですよ！」

岡さんからは、そんなメッセージ文をいただいた。私は泣きそうになってしまった。いや、ちょっと泣いたかもしれない。

私は、こうやって出会って支援してくれる人たちの応援を、重圧だと感じることはない。純粋に、応援してくれていると力になる。もし、私がどこかの広告代理店に依頼し、スポンサー集めを代行してもらったらこのような現象はまず起きないだろう。広告代理店は私自身を世間の知名度や見込めるメディア露出を考慮して、広告価値に置き換えて値付けし、そこへの対価を企業が支払って一定割合を代理店が天引きしたものが私の目の前にお金として置かれる。社会のシステムとしては、正しいお金の循環かもしれないが、置かれたお金を目の前にした私の気持ちとしては、まるで「闇鍋」を食べるような心境だ。いったい、この中には何が入っているんだろうか？　具材は何ですか？　調味料は何ですか？　ひょっとして、毒でも入ってませんか？　そんな気持ちにさせられる。そんな闇鍋を食べて極地を歩けば、この挑戦が失敗に終わったら次にお金を出してくれる可能性はないだろうな、そんな不安に駆られるかもしれない。

いざ極地の現場に立った時、厳しい判断を迫られる場面でそんな社会の理論やお金の心配を判断の基準にしてしまえば、現場での判断の主体性が完全に揺らいでいることになる。目の前の自然の状況と、社会の理屈は無関係だ。そこで判断を誤れば、自ら危険な領域に踏み込んでいくことになり、結果的に死ぬ確率が高まる。地雷のように潜在的に埋まっているリスクを見抜く目が曇る。

一人で自由に好き勝手をやる分には、勝手に死ねばいい。ただ、人からお金を集めた瞬間に、自分の責任において死ぬことを全力で回避する義務があると思っている。もし私が死ねば、応援してくれた多くの人たちを裏切ることになる。企業としては、死んだ冒険家の応援をしたというのは、企業イメージ向上の真逆に作用しかねない。だからこそ、私は必要な資金は全て自分の足で集める。人に代行をしてもらうつもりはない。誰が、どんな思いで、どんな性質のお金を出してくれるのかを理解しておく必要があると思っている。それが自分の身を守ることに繋がり、私を応援してくれる仲間たちや支援者を守ることになるのだ。

私が資金集めやスポンサー集めでこれまで行なってきたことは、相手への説得作業ではない。プレゼンテーションを行なうと、とかく説得になりがちだ。自分の優位性を語り、相手へのメリットを語り、その気にさせるためにあらゆる手を尽くす。しかし、私は、自分のやってきたこと、これからやろうとしていること、それだけをただひたすらに、出会う人に喋り続けてきただけだ。すると、その中には私のことを「他人事ではなく自分事」として考えてくれる人が少しずつ現れた。私の行動に、何か感じるもの、通じるものを見出してくれる人が、私の行動に自身の立場と共通する価値を見出してくれるのだ。岡さんは、まさにそのような人だ。私の行動に潜んでいるものを掘り出し、自分の仕事と繋げてそれを価値として世に放ってくれた。世の中には、必ずこのような人がいる。私は、そんな人に出会うために動き回ってきただけだ。

昔のアポなし飛び込みの時代から考えれば、かなりの人数に出会ってきた。私自身は会社勤めをしたことはないが、なるほど、仕事のできる人というのはこういう人なのだなと、出会う人から学んできた。広報や広告の仕事とは、価値を掘り出して加工し世に放つことだと思う。例えるならば、レストランにおけるシェフと食材のようなものだ。

シェフは目の前に置かれた食材を見て、例えばこの椎茸《しいたけ》ならこうやって料理すれば美味《おい》しく提供できるな、自分の料理とは合うな、合わないな、と判断して使うか使わないか、使うならどう使うかを考える。レストランが企業、シェフが広報、食材が私だ。岡さんは私を見た時に、パナソニックのカメラの広告として萩田を使うには、どうやって調理すれば自社製品と合致させられるかを考え、私の知らないところで調理してくれたのだ。結果、私が必要な時に必要な料理が提供された気分だ。

私がやってきたことは、自分がどんな育ち方をしてきた椎茸であるか、それだけを正直に伝えてきただけだ。腕の悪いシェフは、目の前に置かれた食材を見ても調理方法が分からず、仕入業者の八百屋さんに「この椎茸、どうやって調理したらうちのメニューに合うのかな?」と聞く。かつて、アポなし飛び込みをしていた時に「あなたを支援したらうちにどんなメリットがあるんですか?」と私に聞いてくるようなものだ。食材に聞くんじゃない、それを扱いきれないシェフの腕が悪いんだろう、ということだ。

私は腕の悪いシェフと一緒に仕事をしても、面白いものはつくり上げられないだろうと思っている。だからこそ、私は自分からプレゼンテーションをしない。私がプレゼンテーションを行なって、その説得に乗って協力してくるということは、調理方法を自分で考えられないシェフであるという証明だ。私が調理法を伝えたところで意味をなさないだろうし、私がプレゼンテーションをしなければ私の使い方を思いつかないような人とは、発展的な付き合いができないだろうという思いがあるからだ。

そもそも、食材である自分にとって、相手のレストランにあたる企業が、どんなメニュー(活用方法)を欲しがっているのかは、知る由もない。だからこそ、居並ぶレストランに手当たり次第に「うちの椎茸、清流の近くの原木で育った肉厚で美味しい椎茸なんですが、お一ついかがですか?」と聞いて回るしかない。「いや、うちケーキ屋だから椎茸は使わないかなぁ」と言われれば、そりゃそうだなと帰ってくるし、和食屋さんに飛び込んだのに「この椎茸、どうやって調理したらうちのメニューに合うの?」と聞かれても「あなたが求めているものも、あなたの腕も知らないので自分で考えてくれ」と言うしかない。調理法を考えるのが、シェフたる広報の仕事だろう。

こうやって、私はたくさんの企業人と会ってきた。仕事をバリバリ進める企業人は、一人ひとりが信念を持った挑戦者であると知った。そんな人たちと話していると、自分は極地冒険家として、相手は企業の一員として、選択している手段が違うだけで目指しているものは同じなのではないかと気づかされた。つまりは、行動を通して自分を高め、それをそれぞれの立場で社会に還元していくという一連の行為だ。それが見えてくると、途端に社会が面白くなってきた。私は一〇年以上、ある意味で社会から距離を置いてアルバイトをしながら北極に通っていた。全く社会と交わるつもりもなかったし、その必要もなかった。だからと言って、社会が嫌いな訳でも怖い訳でもなかった。今はまだその時期じゃないと思っていただけだ。資金集めという必要に迫られて、いよいよ社会と積極的に交わろうとすると、そこは北極と同じくらいに未知に溢れた世界だった。社会で新たに出会う人は、極地で出合う新たな風景を見た時と同じ感動があるものだ。自分の知らない世界を見る感動は、何も遠く離れた僻地《へきち》だけにある訳ではなく、身近にも存在しているものだ。

スポンサー集めって、大変でしょう？　と二言目には聞かれる。私は大変だと思ったことがない。極地への冒険もスポンサー集めも、大変だったらさっさとやめているだろう。私の嫌いな言葉は努力と根性だ。私は極地を旅しているが、俯瞰《ふかん》して見れば人生という旅路を歩んでいるつもりだ。旅とは努力で行なうものではない。人生もまた努力して歩むものではなく、何かに憧れ、心躍り、主体性と好奇心を持って歩むものだ。冒険なんて、自己満足の産物であり社会的な意味は存在していない。

しかし、それをやり続けて関わる人が増えていった時に、自分だけの満足ではない自己満足に変わっていった。私の自己満足に、価値を見出してくれる人との出会いによって社会と交わり、社会に新しい未知の世界を見たのだ。そして私は、こうなることをアポなし飛び込みをやる以前から、何となくイメージしていた。言うなれば、こうなることは分かっていたのだ。だからこそ、就職もせずに北極に通い続けていても何の不安もなかったし、自分にはそれができるという根拠のない自信で突っ走っていた。自信に根拠はなかったが、確信はあったし、それが実現していくことで確固たる自信に変わっていったのだ。人生という旅路は信じるに値するものだ。

南極用に開発した装備

南極点に向けて、新たに開発した装備の中で、特に重要なものが二点ある。ソリと、ウェアである。

ソリを開発するきっかけは、二〇一四年に遡《さかのぼ》る。この年、二度目の北極点挑戦を行なったものの途中撤退に至り、帰国した私のところへTEDxSapporoというイベントへの登壇依頼が来た。一人一八分という持ち時間の中で、登壇者が独自の視点やアイデアをスピーチするもので、アメリカで行われているＴＥＤという著名なイベントから許可を受け、その手法を地域ごとに取り入れたものだ。札幌での開催に登壇した私は、同じ登壇者として、北海道赤平市にある株式会社植松電機の植松努さんと出会った。

植松さんは、赤平市で工業用マグネットの製造と販売を行なう「町工場」の経営者としての顔と、宇宙開発を行なう挑戦者としての顔を持つ。子供の頃からの航空機好き、宇宙好きが高じて、みんなが「北海道の田舎で宇宙開発なんて無理。そんなの大企業や国がやることだ」と言う中で、独自のロケット開発を行なっている。植松さん自身は、それ以前にロケット開発に携わってきた訳でもなく、自身の夢と目標に向かって突き進んできた結果、試行錯誤の末に固体燃料ロケットを自前で打ち上げるまでになった。さらに、ロケット開発にはどうしても無重力状態での実験が必要であると考え、会社の敷地内に、日本ではここにしかない「微小重力実験棟」という、無重力状態を自由落下でつくり出す、高さ五七ｍの研究施設まで、自費でつくってしまった。

植松さんのことは以前から一方的に知っていた。凄い人がいるものだと思っていたのだが、イベントで実際に植松さんのスピーチを聞いた時に、これは何か生まれるかもしれないと予感した。そしてその控え室で、私は植松さんとの雑談の中でこう切り出してみた。

「私の極地用のソリって、つくれないですか？」

すると、植松さんは即答した。

「どんなものが必要か分からないですが、何か面白そうですね」

この会話から話が進み、実際に極地用のソリをつくることになったのだ。私は植松さんのところに何度か通い、形状や素材、極地に求められるソリの特性などについて話し合った。それまで私が使っていたソリは、ノルウェーのアカプルカという会社がつくっているもので、最近の極地を歩く冒険家はほとんどがアカプルカを使用している。私も二〇一四年の北極点と、二〇一六年の遠征ではアカプルカを使用していた。長年にわたって極地で使われ、現場からのフィードバックも多く得ているため完成度が高く、非常に優秀なソリである。軽く、丈夫で、とても引きやすい形状をしている。信頼性は抜群である。そんな信頼性抜群のソリを使ってきた私が、新しいソリをつくりたいという話をし、打ち合わせを進める中で植松さんからこんな質問があった。

「今使っているソリにどんな不満があって、どのあたりを改良したいと思ってますか？」

私は少し考え、その質問に対してこう答えた。

「実は、今のソリには全く不満がないんです。もの凄く完成度が高いし、改良する点は思いつきません。不満をあえて言うならば、不満がない点が不満なんです」

植松さんは私の答えに「どういうことですか？」と尋ねた。

「アカプルカは確かに凄く優秀なソリなんですが、このソリには私のアイデアは何も込められていません。でも完成されているんです。自分の知らないところで勝手に完成されたものをお金を出して購入し、ただ漫然と使っていることが不満なんです。やっぱり、自分で使うものには自分のアイデアを込めたいし、頭の中にある理想を形にしたいと思っています。だからつくりたいんです」

「そうですか、よく分かりました」

植松さんには、私の言葉に深く共感していただいた実感がある。植松さんだって「宇宙開発なんて大企業や国がやっているんだから、町工場が手を出して何の意味がある」と言われてきたことだろう。それでも、やはり挑戦したいし、試してみたい気持ちに嘘《うそ》をつかずに、独自の宇宙開発を行なってきたのだろう。私は、植松さんのスピーチを聞いた時に、私の思いを理解してもらえるだろうという直感があった。「優秀なソリがあるなら、わざわざつくらないで買えばいいじゃないか」とは言わずに、同じ価値観でソリづくりに取り組んでくれるのではないかと思ったのだ。

極地用のソリをつくるには、ＦＲＰ（繊維強化プラスチック）の成型技術が必要となる。ヨットやカヤックの船体、サーフボード、自動車のバンパーなどに多く使われ、複雑な形状になると作成するのが非常に難しくなる。ところが、植松電機は工業用マグネットを専門に扱う会社であり、ＦＲＰの複雑な成型を行なうノウハウはなかった。しかし私は、それでよかった。技術の問題ではなく、心意気の問題なのだ。植松電機の橋本祐治さんという私と同い年の社員さんがソリ製作の担当となり、ＦＲＰ成型のノウハウを勉強し、職人さんのところに実際に足を運んで技術を覚え、そうやって次第に形になっていったのだ。

こうして完成した「南極用ソリ」であるが、正直に言ってしまえば長年の蓄積とノウハウがあるアカプルカのほうが完成度は高いだろう。しかし、この南極用ソリは金で買ったソリと違い、製作過程を全て見てきたソリである。橋本さんの苦労も、あり合わせの道具で試行錯誤しながらつくり上げた工程も知っている。もし仮に、でき上がったソリを見て「これでは南極点までの使用に耐えられない」と思えば、正直にそう言っただろうが、完成したソリは問題なく南極点まで行けるだろうという確信を得た。そして事実、南極点まで何のトラブルもなく遠征を終えてくれたのだ。

このソリに関しては、私は製作する前から「かかった材料費や経費は全てお支払いします」と伝えていたのだが、南極点遠征を終えて帰国し、植松さんと橋本さんのところに挨拶に行くと、植松さんから「かかった費用はご心配なく、無償でいいですよ。私たちがつくったソリを一緒に南極点まで行かせてもらって、ありがとうございました」と言われてしまった。その後も橋本さんからは「南極用から設計を変えてみたんですが、このアイデアどう思いますか?」と、さらなるソリ改良の提案をいただく。我々がつくるソリは、これからますます良いものになっていくだろうと実感している。

もう一つ、南極用に開発した重要な装備が、歩いている間に着用するアウターウェアである。

私が南極点への遠征で使用したウェアは、POLEWARDS(ポールワーズ)というブランドのものだ。POLEWARDSは一九五六年の第一次南極観測隊から羽毛の越冬服を供給してきた日本の羽毛衣料専門メーカー、ザンター社が手がけるアウトドアブランドだ。南極観測隊には現在に至るまで作業着や羽毛服を供給している。それだけでなく、歴史の中では第一次南極観測隊と同じ年の一九五六年に、日本人が唯一初登頂した八〇〇〇m峰であるマナスル登山隊にも羽毛服を供給している。以降、海外への登山遠征隊や植村直己さんの極地遠征などもサポートしてきた、知る人ぞ知る専門衣料メーカーだ。数年前に知人に紹介されてPOLEWARDSの存在を知り、深い極地との縁や、南極観測隊をはじめとした厳しい環境下での衣料をつくり続けてきた知見に惹かれ、二〇一四年の北極点遠征から私の極地での衣料をお願いすることになった。

南極点に向かうにあたり、新しい「南極用」のウェアをつくることになった。極地でソリを引く時、実はかなりの軽装となる。気温は低くても、重いソリを引いて歩き続けると大量に汗をかく。その汗が凍りついてしまうため、あまり着すぎず、かつ風は防いで体温の低下は招かないようにする。極地だと、とにかく暖かいものを着ればいいのだろうという考えは、一度でも極地でソリを引いたことがあればそれが間違いだとすぐに理解できるだろう。ウェアが目指すべきは、効率的な「体温調節」であり、保温は体温調節のために必要な一つの要素に過ぎない。保温することもあれば、ソリ引きで熱くなった体を効率的に冷やすことも重要だ。保温一辺倒では体が冷えず、汗が抑えられずにそれが凍りつき、やがて凍った汗で体を冷やすことになる。

とはいえ、完璧な体温調節を施し発汗を最低限に抑えたとしても、活動する限りは必ず汗をかく。極地での活動では、汗の処理が最大の問題となるのだ。

登山を始め、アウトドアの世界で使われるウェアでは化学素材の防水透湿素材が一般的であり、アウトドア専門店に行ってもそれ以外のものを探すほうが困難なくらいだ。防水透湿素材とは、外部からの雨などは防ぐが、体から発散された汗は外へ放出する素材である。日本のように、高温多湿で雨がよく降る気候では、登山などには最高の素材である。昔ながらの「雨合羽」だと雨は防いでも汗で蒸れてしまい、着ているシャツは結局濡れてしまう。それを解決する防水透湿素材はアウトドアの世界では重宝される。しかし、極地では防水透湿素材はその機能をほとんど発揮できない。体から発散された汗が外部に透湿する前に、ウェア内で凍結してしまうのだ。汗が残さずウェア内に留まってしまうため、昔ながらの蒸れる雨合羽を着ているのと変わらない状況になってしまう。

防水透湿素材のウェアを、あえて使うこともある。二〇一四年の北極点の時には、一番外側のアウターと、その下に着るミドルレイヤー（中間着）に薄手の防水透湿素材を使った。それは、外気に直接触れると低温で発揮されない汗の透湿効果も、ミドルレイヤーに使うことで透湿機能が活《い》きるからだ。このレイヤリング（重ね着）を行なうとどうなるかと言えば、汗がミドルレイヤーを通過し、アウターとの間で汗が凍ってくれるのだ。それぞれが撥水《はっすい》処理をされているミドルレイヤーとアウターであれば、そこで凍った汗は一日の行動後に払い落とすことで簡単に処理ができる。肌着は常に乾燥状態でいながら、汗の処理が簡単になるレイヤリングとして、防水透湿素材の二枚重ねという技を使った。ただこれも、氷点下三〇度や四〇度が当たり前の環境であるからこそ活きるレイヤリングである。夏の南極は北極海に比べれば遥かに暖かい。同じレイヤリングを使っても思い通りにいかない可能性があるし、何より同じことをやっても面白くない。やはり、今まで試したことのない素材を使ってウェアをつくり、自分だけの手法を考え出してみたかった。

次の南極に向けて、どんな素材でどんなウェアをつくるか、そんな打ち合わせを重ねている時に、POLEWARDSの担当者から「ベンタイルって、どうですか?」と提案された。元々、アウトドア派でもギアマニアでもない私は、それほど素材などに詳しい訳でもなく、ベンタイルというものを知らなかった。「それ、何ですか?」と尋ねると、綿(コットン)一〇〇%の天然素材だという。綿を超高密度に織り上げて、耐水性や防風性を確保した生地であり、一九三〇年代にイギリス空軍のパイロットの戦闘服用につくられた生地らしい。戦闘中のパイロットが冷たい海に不時着したとしても、すぐに体が濡れないような耐水性と、汗を吸収して発散できる蒸れない通気性を確保しているという。それを聞いた時に、私は瞬間的に「今回の南極点にはベンタイルだな」と直感した。一般的に、アウトドアの世界では「綿」イコール「悪い」という固定観念がある。例えば、登山で肌着に綿のシャツを着るのは絶対に避けたほうがいいというのは常識だ。綿は水分の吸湿性は高いが、速乾性に劣るためなかなか乾かない。肌着に綿のシャツを着るといつまでも汗で濡れた状態となり、体を冷やして低体温症の原因となる。要は、アウトドア活動において綿は乾きが悪いので使い勝手がよくないのだ。汗で乾かない綿の生地をなぜ使おうかと思ったかと言えば、ベンタイルを使うことで南極での汗の処理が楽になるだろうという狙いが見えたからだ。一見矛盾しているかのような狙いだが、綿の使い勝手が良いか悪いかというのは、問題は綿そのものにある訳ではなく使用環境と使用方法にある。日本の登山では使うことが難しい綿も、南極という環境では活かせる余地が大いにあると私は踏んでいた。

問題は、どれだけ汗の処理が効率的に行なえるかだ。私はベンタイルの吸湿性に目をつけた。綿素材のベンタイルは、生地そのものが汗を吸ってくれる。ここが、防水透湿素材と大きく異なる点だ。北極では汗をレイヤリングの中で思い通りの場所で凍らせて処理を行なうことを意識したが、南極ではベンタイルに汗を吸わせ、外気に発散させて乾燥させようと考えた。

南極での冒険は、真夏に行なわれる。真夏は白夜となり、常に太陽光を確保できる環境だ。そして、南極大陸の内陸は極度の乾燥地帯である。さらに、南極内陸の高地から吹き降りてくるカタバ風が強い。太陽が出ていて、乾燥しており、風が強いという三条件は、濡れものが一番よく乾く気象条件であると言える。さらに、南極点を目指して歩いていると、日中の太陽が北の空を通過していくため、常に太陽を背後に背負うことになる。一番汗をかく背中に、常に太陽が当たっているのだ。ベンタイルを使うことで、汗を生地に吸湿させ、南極の気象条件によって歩きながら乾燥させ

南極用に製作したソリとウェア

ていこうというのが、私がベンタイルに対して込めた狙いだった。

二〇一七年の春にカナダ北極圏のケンブリッジベイという村を訪れ、南極と近い気温や気象環境の中でベンタイルジャケットの試作品テストを行なったところ、非常に良い感触を得た。試作品から細かい仕様を調整し、完成した南極用ベンタイルジャケットは、南極点までの五〇日間で私の狙い通りの完璧な汗処理を実現した。極地をはじめ、登山の世界も化学素材一辺倒なのに対し、天然素材一〇〇%の生地でつくったジャケットが効果を発揮できた点にやり甲斐を感じ、また綿素材のウェアは一〇〇年前の、石油系素材が登場する以前の極地探検家たちに通じる雰囲気を持つため、なんとなく見た目も好きなのだ。

伝説的極地探検家、ロバート・スワン

話を南極点無補給単独徒歩の場面に戻そう。

南極大陸の氷床は、登り始めると一様にずっと登るものだというイメージを持っていたが、そうではなかった。

考えてみれば当たり前なのだが、氷床表面の状態は氷の下にある大地の様子に影響される。氷床下に山脈があれば、氷床も複雑な動きをする。山間を流れ、場所によっては動きが速まり、登った

かと思えば下ることもある。

西経八〇度の線に沿うように南下を続け、氷床を緩やかに昇降を続けていく。高度が上がっていくと、背後に迫る雲が次第に目線の高さとなり、やがて下に見えるようになってくる。湧き上がった雲が背後から氷床を駆け上り、やがて自分の上空を覆う様子が分かるのだ。二〇〇四年にグリーンランド内陸氷床を二〇〇〇kmにわたって縦断したことがあるが、あの時の雲の動きは特に面白かった。風の強いある日、蛇がうねるように細い筋状の雲が空と水平線の境を走り、見る間にとんでもない距離に広がっていく様子は、見たことも聞いたこともない現象だった。


三〇日目に南極点までの中間地点にあたるティール山脈の麓に辿《たど》り着いた。ここには、ALEが設営している滑走路がある。ユニオン氷河から南極点までを飛行機で飛ぶ際、ここで一度着陸し給油を行なうのだ。ドラム缶が山積みされ、氷床の表面を平らに均《なら》した滑走路がつくられている。通常は無人なのだが、私が到着するといくつかの赤いテントがあり、誰かいるようだった。

二組のチームがキャンプをしていた。一組は、私の前日にへラクレス入江を出発した二人組のチームだ。中国人の女性と、カナダ人の経験豊富なガイドである。彼らは途中で一度の物資補給を受け、このティール山脈で二度目の補給を受けた。この先、もう一度物資補給を受けて南極点を目指すという。

もう一組のキャンプは、ユニオン氷河からここまで飛行機で乗り入れたチームのようである。テントから出てきた人物と話をすると、何かの研究目的でここに滞在しているそうだ。私もテントを立てていると、一人の人物が私のところにやってきた。年配の白人男性だ。

「よく来たね、何日かかった？　南極点まで行くんだろう？　あと何日の予定だい？」

「今日で三〇日で、南極点まであと二〇日ってところですね」

「そうか、いいペースだね。私はロバート・スワン。君は日本からかい？」

その男性はそう名乗った。私はその名前を聞いて驚いた。ロバート・スワン！　それは極地探検家として伝説的な人物の名前なのだ。

「えぇ！　あなた、ロバート・スワン!?」

そう聞く私に、男性はゆっくり頷《うなず》いた。ロバート・スワンは、世界で初めて南北の両極点に徒歩で達した人物であり、北極海横断の計画や数多くの極地遠征を行なってきた人物である。私も彼の本を持っており、野球少年がある日突然、長嶋茂雄に出会ったような気分である。

「私はあなたの本を持っていますよ。アイスウォークの時のです。日本から、大西宏さんが参加しましたね」

「そうだな。ヒロはいい男だったよ」

ロバートはそう呟《つぶや》き、遠い空を見るように視線を移した。

一九八九年にロバート・スワンが隊長として計画した北極点への徒歩による国際隊「アイスウォーク」は、七ヶ国から集まった八名の隊員で構成され、日本から登山家の大西宏さんが参加した。明治大学山岳部出身の大西さんは、慣れない極地での徒歩遠征に苦労しながらも、五六日間の北極点徒歩遠征を成し遂げた。大西さんはその年、北極点に続いてエベレスト登頂も成し遂げたことで、世界三極点（エベレスト、北極点、南極点）のうち二つに到達した。その後、大西さんは南極点到達を目指していたのだが、一九九一年にチベットに位置する高峰ナムチャバルワにて、雪崩で不帰の人となった。大西さんが進めていた南極点への徒歩遠征は、隊長の大西さんがいなくなってしまったために、一度は計画自体が無に帰するかと思われたが、後を引き継いだ吉川謙二さんが新たに隊長となり、一九九三年に南極点到達を果たしている。

翌日、南極点に向けて出発しようとテントを撤収している私の元に、ロバート・スワンがやってきた。

「気をつけて行きなさい。南極をしっかり楽しんで」

「ありがとう。気をつけて行ってきます」

ロバートは、胸に手を当てて言った。

「ヒロは南極に来たいという思いを持ちながら、実現できなかった。少しだけ、ヒロのことを思いながら南極点まで歩いてやってくれ」

「分かりました。もちろんです」

私が答えると、ロバートは私の肩を軽く叩いて自身のテントに戻っていった。

私は胸に込み上げるものを感じていた。そうだ、会ったことはないが、私の先輩たちでもここに来たいという思いを持ちながら、実現できなかった人もいるのだ。そして、そんな人を今でも思ってくれている人も、またいるのだ。私はロバートから、そして大西さんから力を分けてもらったような気がしていた。

ここは、南極点までの全行程のちょうど半分である。二〇日あれば着くであろう。全ての荷をソリにパッキングし、私は再び南極点までの一人きりでの進行を開始した。

軽量化の本質

ティール山脈を越えると、南極大陸の内陸高原に上がることができる。ティール山脈越えが、中間地点の顕著な登り斜面となる。

ここまでの一ヶ月の行程で荷物はかなり軽くなってきていた。食料、燃料を合わせると毎日一・三kgほど軽くなっていくので、ここまでに四〇kgほどの物資を消費しているはずだ。登り斜面もあまり苦にならない。

伝説的極地探検家ロバート・スワンと

グイグイと顕著な氷床の登り斜面を上がっていくと来し方が眼下に広がり、強い太陽光に照らされて真っ白な氷の大地がどこまでも広がっていた。北極海とも、グリーンランドとも違う、私にとって新しい極地の姿だ。グリーンランド氷床よりも、南極氷床はやはりデカくて広い。広大な面積だけの懐の広さがある気がする。ここで将来的に、どんなことができるだろうか。すでにどこかへの到達や横断などはやり尽くされている。

数年前に、イギリスの著名な探検家が大がかりな体制を組んで、真冬の南極大陸横断計画を実行したことがあった。冬の南極内陸は氷点下七〇度や八〇度は当たり前の世界である。しかも、風の強さは夏の比ではない。とても人間がソリを引いて歩けるような環境ではなく、彼らは最新鋭のハイテク雪上車を多数用意して臨んだ。しかし、あまりの環境の厳しさにスタート直後にあえなく断念してしまった。冬季の南極大陸横断は、現在の技術を最大限に駆使しても非常に困難な挑戦だ。もしかしたら、火星に行くよりも難しいかもしれない。火星に探査機を送り込むことは可能であり、それを人間に置き換えれば技術的には行くことは可能だろう。帰ってこられるかどうかは別問題だが。冬季の南極横断は、それと同じくらいに困難な挑戦になるのではないだろうか。それをやったらどうなるのか、という疑問は置いておいて、地球上で最も厳しい環境を克服する技術を人間が得る瞬間を、自分の手で実現できたらこんなにやり甲斐のあることはない。

考える時間はいくらでもあるソリ引き中には、そんなことも考えながら妄想に耽《ふけ》っていた。ソリの重量が日々減っていくと、進行距離も安定して延びていく。ソリの重さのストレスからも解放され、ティール山脈通過後は、毎日三〇km前後を刻んでいった。

引いていくソリの重量とは、物資の重量であるが、その重量とは与えられた時間でもある。物資が続く限り動ける時間をソリに搭載している。若い頃、経験の浅いうちはやたらと無駄な道具を持っていた気がするが、次第に知恵がついてくると、道具で行なっていたリスク回避を知恵や技術で行なえるようになる。そうなれば、食料や燃料といった時間に相当する物資を多く積めるようになり、行動範囲も広がっていく。

極地を歩く前には、装備を全て見直してグラム単位での軽量化を図る。何を持ち、何を持たないか、全ての装備を並べて置き、それらを数日間ジッと見つめながら、これから起こり得る様々な状況を想像して装備の取捨選択をする。カラビナ一個を持つかどうかで一時間くらい悩み、日々書き記す日記のためのシャープペンシルの芯を何本持つか考える。歯ブラシの柄の長さも調節し、明らかに長すぎる部分は切り落とす。歯ブラシの柄は五cmもあれば充分用を成す。食料のパッキングでも、飴玉《あめだま》の包装紙は全部外していくし、無駄な重量になる部分は全て切り落としていく。装備には基本的に予備はなく、あるとしたらどうやっても現場では直せない電化製品などだ。カメラ機材や通信機器などは予備を持つ。それ以外のものは、壊れればテープや針金で直す。私の修理道具の三種の神器は、穴開け用のキリ、アイスホッケー用のホッケーテープ、針金の三つだ。これで大抵のものは直す。

全ての装備を並べ、数日間をかけて少しずつ要《い》らないものを削って軽量化を図るのだが、それで軽量化される重量といってもせいぜいが一〇〇g程度の話である。ソリの総重量一〇〇kgから考えれば、誤差のようなものでしかない。軽量化した分をそうっとソリに乗せても、乗せたか乗せてないか気づかないだろう。時間をかけても、軽量化されるのはその程度の重量でしかない。しかし、私は毎回、その軽量化の作業に時間をじっくりとかける。装備を全て見直すという意味もあるが、なぜ誤差程度しか削減できない軽量化作業に時間を費やすかと言えば、本当の目的が軽量化ではなく「軽量化作業をしっかりと行なった」という事実をつくるためだ。一〇〇kgのソリを引けば、当然のことながら重い。頑張って一〇〇gを削ったところで、軽量化後のソリはいずれにしても重いのだ。ただ、この頑張って一〇〇gを削った、という部分が重要になる。

いずれにしても重いソリを現場で引いた時に、必ず重さに苛立《いらだ》ちを覚える。なんでこんなに重いんだ、とイライラする。その時に、時間をかけてできる限りの軽量化をした上で重いのか、その作業を行なわずに重いのかでは、重さに対する印象が全く違うのだ。軽量化に時間をかけた上でソリが重ければ「あれだけ軽量化してこの重さなら仕方ない」と思えるのだが、その作業を行なわずに重いソリを引くと「何でもっと軽量化しなかったのか」と後悔が生まれる。軽量化の作業とは、私にとってはソリの重さを受け入れるための儀式のようなものだ。

極地を歩いている間、どれだけ目の前の理不尽極まりない状況を受け入れることができるか、が成否も分ける最大の要因となる。南極では大したことはないが、北極海などは理不尽の連続でしかない。歩いても歩いても海氷に戻されるなど、どうにもならない現実をどれだけ受け入れられるかは、精神の安定に大きく作用する。荷物の軽量化作業も、それを怠ると確実に後に憂いを残す。そんな後悔の要因となる可能性は極力潰しておく必要がある。

新しい旅の始まり

出発四〇日目に標高二四〇〇mを越えた。いよいよ南極内陸高原に入ってきた。ここまで、傾斜の厳しいティール山脈では遠くに巨大なクレバス帯を見ながら、回避しつつ進んできた。南緯八七度三〇分を過ぎ、南極点まではあと二七〇km余りである。毎日二七〜三〇kmのペースで進んでいるので、ちょうどあと一〇日で到着できるだろう。五〇日目である。計算通り、完全にぴったりだ。

内陸高原に入るとカタバ風も弱くなってきた。歩いていると心地良いくらいである。さあ、この南極点が終わったら次は何をしようか、と今後の計画を頭に描く。歩いている間は暇で暇で仕方ないので、やはり考えることが欲しい。やり残している北極点無補給単独への三度目の挑戦もあるのだが、やはりまだ北極点に対する燃えるような情熱が湧いてこない自分がいる。心の中では、北極点はもうできると思っている。あとは運次第である。そうなると、あれだけ苦しい思いをしてやる必要性があるのかが疑問なのだ。

次は、やりたいことをやろう。そして、やるべきことをやろう。

私が極地に通うようになったのは、大学中退後に偶然テレビで見た大場さんの言葉に惹かれ、北磁極への徒歩行に参加したことだった。あれから一八年。いつかそのうち、自分が若者たちを連れて北極を歩く日が来るだろう、それをやるべきは自分であろうという思いがあった。そうだ、次は単なる自分の挑戦ではなく、かつての自分のようにエネルギーの向け場に悩む若者たちを連れて、北極を歩こう。そう思った。これをやるべきなのは自分であり、やりたいと思っているのも自分で、そして実現できるのもまた自分しかいないだろう。

やるべきこと、やりたいこと、できることの三つが一致した人生とは幸せだ。私はこの一八年間、極地を歩きながら「自分にとっての幸福感」を追い求めてきた。なぜ極地を歩くのか。それはどこかに辿り着きたいからではない。北極点や南極点なんて、何の意味もない場所だ。私が欲しいのは、辿り着く場所ではなくて向かっていく方向だ。その長い道程の先に、きっと誰にも辿り着けない領域に自分だけは行けるだろうという思いがある。その、確かで正しい道程を自らの意思と主体で、能動的に歩んでいくことが目的であり、その道程の途中に現れる選択肢として極地を通り過ぎていくだけだ。今自分は確かで正しい道程を歩んでいるという実感こそが、自分自身の幸福感であ

南極点を目指し、平坦な氷床をひたすら進む

り、目的とはどこかに辿り着くことではなく、正しいと信じる過程の中に自分の意思で身を置いていることである。目的とは、過程の中にあるものだ。その過程を全力で行きさえすれば、結果は自《おの》ずとついてくる。そして、俺はどこまででもブースト全開で走っていけるのだと知っている。

人には様々な表現方法がある。絵を描くことで自らの思いを表現する人、面と向かって会話をすることで思いを伝える人、文章によって思索を深める人。自分自身は、何によって思いを表現するのだろうかと考える時、一人で極地を歩く日々というのは、これは表現するための準備期間だったのではないかという思いがある。自分にとっての表現活動は、これから始まるのだ。若者たちを北極に連れていき、新しい世界を開く扉の入り口の前に立つ場をつくる。そのために力をつけてきた一八年間だったのではないだろうか。

出発四九日目。出発すると雲が厚く、風も強い。ついてないなぁと思っていたが、歩き出すとすぐに頭上を覆う雲が風で流れ去っていった。

南極点まで残り二五㎞。水平線の彼方に黒いものが見えてきた。まさかと思い、カメラを望遠にして撮影し画像を拡大して見ると、建物らしき人工的な立方体であることが分かる。方向も真南、南極点にあるアメリカの観測施設アムンセンスコット基地だ。うっすらと、白いタワーのようなものも見える。背後からの太陽光を受けて、何かが光っている。

「ようやく見えた。あれがゴールだ」

退屈な日々だとボヤいていたが、ゴールが見えると急に終わってしまう寂しさを感じた。早く帰りたいけど、まだ帰りたくない気分である。ここまでに見た南極大陸は、全体のほんの一部でしかない。まだまだ見知らぬ南極がたくさん広がっているはずだ。いつの日か、必ず南極に戻ってこよう。


最終日。五〇日目。

南極点まで残りは一二kmである。が、最終日になって雲が厚く、雪もチラついて視界が極端に悪い。

方位磁針を頼りに南極点方向へ進路を取るが、果たして合っているのかどうかが分からない。建物もすぐそこに見えているはずだが、全く見えてこない。と、しばらく歩いていると、雪上車の走った跡を見つけた。これはもう基地に近いはずである。次第に人間活動の跡が現れ出した。

南極点の周辺は、アムンセンスコット基地の行なっている環境調査に影響を与えないように、人が立ち入ってはいけない場所が区分けされている。視界が悪く、誤ってそちらに侵入しないよう、度々進路を確認しながら進んだ。

南極点まであと五kmほどだと思われるあたりで、雪の切れ間からうっすらと建物が見えてきた。周囲には小さな小屋のようなものや、雪上車のルートを示すためか、三角の旗が等間隔に立てられている。

雪雲が通り過ぎ、雲に切れ間も見え始めると、視界がひらけてきた。突如、巨大なパラボラアンテナを水平方向に向けた施設が現れた。昨日、水平線で光っていたのはこのアンテナだったのだろう。

その先に、次々と人工物が姿を現した。南極点はすぐそこだ。

あと二kmほどのところに、一つの看板が立っていた。そこには「You are almost at the South Pole.（あなたはほぼ南極点にいますよ）」と書かれている。我々のような人間に対する、ジョークを込めた看板だ。

そこから一kmを進むと、ＡＬＥが南極点に設置するキャンプがある。私が近付いていくと、気づいた人が数人駆け寄ってきて祝福をしてくれた。カメラを渡し、写真を撮ってもらいながらキャンプに近付く。そこでは南極点キャンプのスタッフや、ユニオン氷河から飛行機でやってきた観光客たちが私を出迎えていた。キャンプマネージャーのスタッフが私に対して「南極点まではあと一kmだけど、そこまで行ってあなたが帰ってきたらみんなでお祝いしましょう！」と言う。

周囲を取り巻く観光客たちは私の写真を撮っているが、私と彼らの間にはなんとなく壁がある。どうしても温度感が違うのだ。どことなく、遠巻きに珍獣を見るような視線を感じていた。

南極点までは残り一km。アメリカのアムンセンスコット基地の施設の目の前に、地球の自転軸である南極点がある。進む先には、最近新しく建て替えられた巨大な建物が見える。

「もうすぐ終わるなぁ。さて、次は北極だな」

そんなことを思いながら、最後の一kmを歩いていた。

ALEのキャンプから、数人が写真を撮りながら一緒に歩いてくれている。

スタート時に重かった背後のソリは軽い。これまで一八年間、北極や南極ばかりを歩いてきた。よくこれまで続けてきたものだと自分でも驚く。まさか、こんな人生を送るとは思いもしなかった。

南極点は人生において一つの通過点。辿り着いてしまえば次の瞬間には過去になるだけだ。

一二ヶ国の国旗が円形にぐるりと掲げられた中心に、南極点を示すポールが立つ。日本の国旗の横から進み、そこに触れた時、一つの旅の終わりと、また新しい旅の始まりを私は感じていた。

極地への旅は、空っぽだった私という人間の器に、経験という水を満たしてくれた。南極点への旅を終えた私は、かつて若かりし時に渇きを覚えていた当時の自分のように、新しい世界への渇望感を抱えた若者たちを連れて北極への旅を行なうことを決めた。

自分がやるべきこと、自分にしかできないこと、やりたいこと、その三つを人生においてどう重ねていくか。私には、その確かな道程を歩いている実感がある。そんな私は幸せだ。

これまでの私の冒険は、ひたすら自己満足の産物でしかなかった。そもそも冒険とは、自己満足以外の何物でもない。ただ、その自己満足の期間こそが力を蓄積できる期間でもある。その期間を経て、ようやく次に目標とする若者たちとの北極行に辿《たど》り着いた。これも、別に世のため人のためにやるわけではなく、私の自己満足だ。しかし、自分だけの自己満足を徹底的に行なうことで得た力を、誰かのために使うことで、意味や価値を生み出せるという自信がある。その自信は、北極に行く前から私にはあったのかもしれない。

もしかしたら、皆さんの周囲にも「あいつは自己満足でしか行動しない」「あんなことやって何の意味がある」と言われている人がいるかもしれない。でもちょっと待ってほしい。その行為の先に潜む、行為の先に生まれる意味や価値があるかもしれない。そして、今は周囲の人がそれに気づいていないだけかもしれない。「意味がない」と切り捨てる人の目が曇っているだけかもしれない。行為の意味や価値とは、行為の前に存在しているのではなく、行為の後に見出されるものだ。そこに疑いを持たずに、信じて突き進む人が、行為の先にある意味を知る。

二〇一九年、私は素人の若者たちを連れてカナダ北極圏を六〇〇km歩く冒険を計画している。一二名の大学生、フリーター、社会人が集まってきている。彼らとどんな旅が始まるか、楽しみで仕方ない。かつて同じように渇望感を抱えた私にできることは、若者たちに広い世界に飛び出るきっかけをつくることくらいだ。

最後に、これまで私の極地への旅を応援してくれたたくさんの方々に感謝致します。助けてくれた仲間たちがいなければここまで来ることはできませんでした。また、子供の頃から私のやることを一切否定せず、また肯定もせず、評価せずに存在そのものを認めてくれた両親と家族に感謝します。

本書を出版するにあたり、お声がけいただいた株式会社ＫＡＤＯＫＡＷＡの小林藤彦さんには深く感謝致します。

二〇一九年二月一二日。北極への訓練合宿のため、北海道恵庭市にて

荻田泰永

荻田 泰永（おぎた やすなが）

カナダ北極圏やグリーンランド、北極海を中心に主に単独徒歩による冒険行を実施。2000年より2017年までの18年間に15回の北極行を経験し、北極圏各地を9000km以上移動する。世界有数の北極冒険キャリアを持ち、国内外のメディアからも注目される日本唯一の「北極冒険家」。2016年、カナダ最北の村グリスフィヨルド～グリーンランド最北のシオラパルクをつなぐ1000kmの単独徒歩行（世界初踏破）。2018年1月5日（現地時間）、日本人初の南極点無補給単独徒歩到達に成功する。また、日本国内では夏休みに小学生たちと160kmを踏破する「100milesAdventure」を2012年より主宰。北極で学んだ経験を旅を通して子供たちに伝える。海洋研究開発機構、国立極地研究所、大学等の研究者とも交流を持ち、共同研究も実施。北極にまつわる多方面で活動中。著書に『北極男』（講談社）。

考《かんが》える脚《あし》 北極冒険家《ほっきょくぼうけんか》が考《かんが》える、リスクとカネと歩《ある》くこと

2019年 3月27日 初版発行
2025年 7月 5日 4版発行

著者／荻田《おぎた》 泰永《やすなが》

発行者／山下 直久

発行／株式会社KADOKAWA
〒102-8177 東京都千代田区富士見2-13-3
電話 0570-002-301（ナビダイヤル）

印刷所／株式会社DNP出版プロダクツ

●お問い合わせ
https://www.kadokawa.co.jp/（「お問い合わせ」へお進みください）
※内容によっては、お答えできない場合があります。
※サポートは日本国内のみとさせていただきます。
※Japanese text only

定価はカバーに表示してあります。

ISBN 978-4-04-604036-7 C0095